Intellectual Foundations
of
China

second edition

Frederick W. Mote

中国思想之渊源

第二版

[美] 牟复礼 著

王重阳 译

北京大学出版社
PEKING UNIVERSITY PRESS

花前又见燕归迟（序一）
——追忆牟复礼先生

原本平静地度过旧历年，因突然传来牟复礼（Frederick W. Mote）先生去世的消息，而让人倍感惆怅。牟先生于大年初二（二月十日）的晚上去世，享年八十四岁。今天在大陆及台湾年轻一辈的学人可能对牟先生一生的成就所知有限，但任何熟悉过去半个多世纪以来北美汉学及中国史研究变迁的人是不应该不知道牟先生的贡献和地位的。我在过去十几年中所见到西方的中国学专家亦可谓多不胜数，但若以人品，学问和见识三者等量齐观的话，能超越牟先生境界的恐怕是没有的。他充满创造力的学术生涯和普林斯顿大学东亚研究的建立与成长有非常紧密的关系。这是纪念他的一生不能不特别强调的部分。

在今日北美的中国文史研究方面，普林斯顿应该说是具有代表性的中心之一，学术上的资源充足。但与哈佛和哥伦比亚等校相比，普大东亚研究的不同之处在于其发展的历史较短，成立迄今不过四十多年。据牟先生自己的回忆，1956年他被聘来普大前，正在莱顿担任富布赖特（Fulbright）讲师。他是在美国亚洲学会（AAS）的通报上看到了普大的招聘广告才提出申请的。他对普大全无了解，所以在收到聘约时感到很惊讶。普大当时只有三位与中国有关的教授，最资深的居然是对中国艺术无师自通的文艺复兴艺术专家 George Rowley。牟先生到普大后最先履行的义务之一，就是担任方闻的博士答辩的考官，方先生是 Rowley 培养的唯一一个中国艺术史博士。50 年代中，普大还没有独立的东亚研究系，更谈不上有全方位的中国文史研究，连牟先生自己都是隶属于东方语言文学系（Department of Oriental Languages and Literature）的教授。该系以近东伊斯兰研究为主导。1968 年东亚研究系（Department of East Asian Studies）的建立，以牟先生的推动最为关键，所以称其为普大东亚系之父并不过分。我们今天可能已很难想象当时在美国人文学界的格局下东西方文化比重之悬殊。虽然牟先生是一位不折不扣的史家，但他对中国传统的了解向来是采取文史不分家的态度。也正由于此，他和当时强调科学化的正统西洋史学取径不同。比如与牟先生同时在普大任教而执西洋史牛耳的大师史东（Lawrence Stone）虽然对牟先生很尊敬，但对人提到牟先生时总称他为 expert in Chinese literature，而不称其为 historian。因为在史东看来，像诗人高青丘这样的课题仅属于文学研究的范畴，算不得是真正严肃的史学题目。这种区分在当今西方人文界已不再具有说服力了，但这一词之差却恰恰体现出在当时的环境下，牟先生为中国文史研究创出一片天地，需要何等的自信和从容不迫的态度。耐人寻味的是牟先生对普大东亚系建立的贡献与史东造就普大历史系的贡献真可说是旗鼓相当。牟先生对普大中国史研究的具体贡献主要有两方面：一是确立以古代为中心的研究方向，二是对中文教学的尊重。如果前者还是从当时西方汉学主流发展出来的话，后者则可以说是不同流俗的创举。他反复强调中文的教学是一切研究的基础，而且要古汉语和现代汉语并重。这是一种从语言学而非从西洋汉学只重书面解读的角度来主导的中文教学法。他以前金陵大学同窗学友陈大端教授当时正在普大主持中文教学，所以牟先生得以和陈大端在这点上通力合作。以上两点可以说是普大迄今为止都保持了的特色。但牟先生对普大东亚研究的影响并不止此。他对普大东亚研究资源的积累作出的贡献同样地意义深远。首先是他对普大葛斯德图书馆发展的关注。虽然葛斯德图书馆在牟先生来之前就已是收藏中国文史珍本善本最有名的中心之一，但整体的图书收藏尚远不及哈佛燕京等其他老牌东亚图书馆。这种情况在牟先生任教期间就完全改观了，葛斯德的中国文史方面书籍的收藏可以说是突飞猛进，到他荣退之时，藏书的完整和丰富都已举世公认了。在他对葛斯德图书馆的贡献中，有三件事特别值得一提，第一件是在1965年，他和当时担任葛斯德馆长的童世纲（James Shih-kang Tung）一起向普大图书馆狄刻斯馆长（William S. Dix）提议，邀请屈万理先生来为葛斯德的善本书作全面整理和编目的工作。后来更在普大的资助下，屈先生出版了《普林斯顿大学葛斯德东方图书馆中文善本书志》，使从王重民就已开始了的事业有一个圆满的结束。[1]第二件事是牟先生仿效"普大图书馆之友"而成立"葛斯德东方图书馆之友"这一组织，作为葛斯德图书馆的外援团体。后来图书馆事业的开拓，得到此组织支持甚多。第三件是在名收藏家John Elliot的支持之下，创办了《葛斯德图书馆馆刊》（*Gest Library Journal*）〔现已改名为《东亚图书馆馆刊》（*Journal of East Asian Library*）〕内容以研究古籍为主，并涉及东亚文史哲各领域，是一个很有特色的杂志。[2]

牟复礼先生对普大博物馆中国文物书画收藏的扩充也同样不遗余力。在这方面他和创立普大中国艺术史研究传统的方闻以及John Elliot同样地有长达数十年的密切合作。而牟先生个人对于中国书画和版本印刷等的浓厚兴趣和渊博知识，不仅是他个人修养的一部分，还融入他历史研究的视野之中，比如他写关于元代文人隐逸（eremitism）的社会背景和文化象征的经典文章就是

---

[1]　编目和目录出版的缘起和过程，可以参考该目录中屈万理的中文后记和童世纲的英文前言。该书同时收有牟复礼对葛斯德善本书的历史价值作的一个简要介绍（《普林斯顿大学葛斯德东方图书馆中文善本书志》，《屈万里先生全集》第十三，联经出版公司）屈先生完成编目工作回台后，即先后担任中华民国国立中心图书馆长和史语所所长。和胡适之先生的情形一样，也可看作是普大和台湾学术传统的一线因缘。

[2]　令人很遗憾的是，这份高质量且颇有影响力的期刊已于2010年停止发行。

迄今研究元代士大夫艺术必需参考的作品。当然从学术体制的角度来看，牟先生对普大东亚研究最重要的贡献是在70年代与校方交涉成功，将原来由校方掌控用于支持东亚研究的大笔经费移到东亚中心（East Asian Program），由和东亚研究直接有关的教授委员会支配，这样不但确保了未来和东亚有关的学术活动经费无虞，并使其完全独立于学校官僚系统之外。

在过去几十年中，这一基金不断扩充，到今天可说已使普大东亚中心和哈佛费正清研究中心一样，都属于世界上东亚研究方面资本最为雄厚的机构。这和1968年史东成功地将Shelby C. Davis 捐助给普大的大笔款项成立了名闻遐迩的戴维斯历史研究中心异曲同工。过去的十几年中我在普大所遇到的东西方研究东亚的访问学者，几乎无一不得到东亚中心的资助。如果没有这一层机制上的保障，则普大东亚研究的格局恐怕会是另一番光景。

在牟先生任教期间，普大的东亚系成立并发展为人才济济的一方雄镇。光就中国史而言，70年代末和80年代初，除了牟先生负责明清以外，隋唐方面有杜希德（Denis Twitchett，大陆多误译为崔瑞德）先生，宋史则有刘子健先生，都是各自学门在西方的代表人物，所以一时间普大有"中华帝国"的称誉。虽然于80年代后期牟、刘二先生相继退休，余英时先生的到来又使这一盛况保持了相当长的一段时间。一个重要的研究机构往往有其所谓的传奇（legend）故事。我90年代初才来到普大，所以无资格细数此间东亚研究创业期的人事掌故。但有一个和牟先生有关的小传奇则是耳熟能详的。牟先生的夫人极多才多艺，制得一手好陶瓷。当年牟先生为了让东亚系的研究生有一个讨论研究心得的场合，特地创办了一个每周一次的茶会。茶会的名字叫 Cracked Pot，字面的意思是"有裂缝的茶壶"。这当然是因为茶会所用的茶壶出于牟太太之手，上面的确有一道裂痕。但其名之所以起得很贴切是英文中"cracked pot"还有另一层意思，即是指痴狂之人。此名用来形容研究生初生之犊的无畏精神可谓妙语双关，且富有禅意。这一茶会延续至今，可惜这一代的研究生中仅有极少数知其渊源了。

牟先生是我见过最热爱中国传统文化，也是中文说的最为标准典雅的西方人。这不仅是因为他本人有极高的语言天分，亦是由他特定的学术背景所致。牟先生在二战期间参加了由赵元任先生所主持的美军汉语培训班。担任赵先生助教的是杨联升先生。这一班为后代培养了许多极重要的中国学家，而牟先生在班上是第一名。美国治日本史的大家，后来也是普大东亚系的创系人之一的 Marius Jansen，当时也正在日语班接受训练。牟先生在抗战后期到中国，从成都到南京，再到北平，所接触到的都是当时第一流的中国学者。他先后在金陵大学和燕京大学学习，听过包括向达、启功等先生们的课，其中对他影响最大的学者是明史专家王崇武。据牟先生自己的回忆，当年他到中国求学，曾和顾颉刚先生等很多知名学者围在饭桌边一起聊天。当时顾先生问各位在座的先生们有谁愿意来指导这位年轻的美国学生。在场的都是饱学之士，但可能都觉得这不是一件有多大意义的事情，所以就一个推一个，直到最后王崇武先生因为喝得有些醉了，没能推托成功，便收下了这个洋徒弟，也因此指导牟先生走上研究明史的道路。这当然是一则令人莞尔的故事，让人认识到历史的偶然性在一个学者的身上所能发生的作用。但回顾牟先生的一生，我们可以想见他当年的可塑性之强。

我的印象中，牟先生治学的特点是结和汉学的素养和史学的眼光。他的汉学素养之深，对古文献的解读能力之高决非西方大部分学者所能比拟。这是任何和他接触过的人都能立刻感觉到的。比如我第一次见到他时，我刚完成一篇很长的书评，将美国学者 John Knoblock 翻译的《荀子》和他所构建的荀子的生平作了彻底的批评，证明其荒诞（注：Knoblock 的见解，后来被完全吸收入《剑桥中国上古史》的有关部分）。这是我在普大写的第一篇学习报告，所以也就上呈牟先生，请他提意见。两三天后，他将稿子交还给我。鼓励之余，他在稿子上密密麻麻写满了修正的意见，从诸子版本的引用到清儒的见解，真是令人叹为观止。我至今还保存着这份他修改过的文稿。牟先生是个对学术水平要求非常高的人，他可以说是对文献的一字一句都不放过。普大东亚系以往征招中国文史方面的教员，即便在牟先生退休之后，也常请他参与评鉴。我曾亲见他在信中在肯定某位很有才气的年轻学者的学术成绩时，亦不忘提醒系里同事其立言超出可证范围的研究倾向。但牟先生与旧时汉学家或所谓的东方学家不同的是，牟先生既不会去追求亦不会满足于考订史料史实的饾饤之学。他所关注的和发表的作品都是中国历史上的重要课题。而且几乎每一篇都在西方中国史的领域内有导夫先路的作用。他最重要的贡献自然是对于元明史的开拓。这方面的成果现已蔚为大观。他将蒙元和明连在一起的观察能力和眼光至今仍少有西方学者能步其后尘。我猜想这和他在中国受到极好的训练有关。他那一代的西方学者，研究中国史时多只注意其在日本和欧洲的进展，而他却一直强调对中国学者所取得的成果的吸收。比如他在《哈佛亚洲学报》上发表评 John Dardess 明初政治专著的书评里，就直言不讳地指出 Dardess 不该不参考包括萧启庆在内的台湾及大陆学者的蒙元史研究成果。

牟先生的博士论文是对陶宗仪《辍耕录》的研究，而到普大后出版的第一部专著则研究明初诗人高启（高青丘），将其放在明初的政治下分析。在这之后他几乎在元明史的各个领域内都有重要的研究成果。比如他写的关于南京的论文，收在施坚雅（William Skinner）所编有关中华帝国晚期城市的论文集中，是区域城市史研究方面的典范。可喜的是这部书如今也有了不错的中文译本。[1] 牟先生在明史方面的工作以主持两大本《剑桥明代史》的编写而达到高潮。我不治明史，且这部著作的影响已有公论，这里就从略了。值得一提的是牟复礼先生著作中最广为人知的一本书——《中国思想之渊源》（*Intellectual Foundations of China*）。这是给本科生读的先秦诸子思想介绍，在一百多页的短短篇幅中，对儒法名墨的特色和交互关系的阐述既清楚又观点独到。其笔锋带着同情的幽默，真是高手所为，到现在都是西方大学里中国思想史课的基本读物之一。据牟先生自己说，他到普大开的第一门课就是中国早期思想。除了这一本小书之外，他对西方中国思想史研究的另一重大贡献就是翻译萧公权先生的杰作《中国政治思想史》。这部书篇幅庞大，且微言大义，引用文献无数，英译者所面临的挑战自不言而喻。更何况以牟先生的学术标准，他是决不肯草率从事的。他当时的学术地位已高，按理不必要作此种吃力又未必讨好的事。但他出于对萧公权先生的尊敬

---

[1]　中译本为《中华帝国晚期的城市》，叶光庭等译，陈桥驿校（北京中华书局，2000）。该译本是近年大陆所译西文中国学著作中质量较高的一种。可以看出译者和校者的认真。尤其难得的是历史地理学名家陈桥驿对书中文章的直率的评介。陈氏特别指出牟先生文中对南京的特殊地形对城市结构的影响注意不够。我想以牟先生的个性，他一定会对这一批评意见欣然接受的。不过遗憾的是陈氏对该文将南京放在元明历史的广阔视野下来观察的特色认识似乎不够。另一方面，陈氏在对施坚雅的区域地理模式有很多好评。他的评介写于1984年，所以未能参考后来牟先生及其学生Martinus J. Heijdra对施坚雅研究方法提出的恳切批评（见*Ming Studies*, no. 34, 1995）。

和对这部著作的价值的重视，间断花了许多时间，并特地为此休假一年，到萧先生执教的西雅图华盛顿州立大学专心从事此书的翻译。虽然最后仅完成并出版全书翻译的一半，这已经是继 Derk Bodde 翻译冯友兰的《中国哲学史》之后西方对中文学术著作介绍的里程碑。好像在牟先生之后西方学界就无人成就类似规模的工作了。译文的质量如何，读者只需比较一下原文就可判断，这里也不需我多说。牟先生写作的文笔一向练达而幽默，和他为人的风格很接近。不知为什么，我总觉得在风格上它与顾颉刚先生的史学文字有相似之处。同时牟先生的论著又很富有想象力，例子之一是牟先生为 1992 年于华盛顿所举办的纪念哥伦布发现新大陆五百周年的超级展览所著的章节。此展览的主题之一就是把哥伦布时代的欧洲和明代中国作一横向的比较，如表现在艺术方面就是丢勒（Albrecht Dürer）和沈周的对照。牟先生负责执笔配合展览的专著《Circa 1492》中关于明代文化的这一部份。这当然是为美国知识大众写的，所以要深入浅出。牟先生把明代中叶的文明和社会放在世界史的背景下作了很全面的概括。其中有一小节题为"哥伦布在中国"，他用假想的笔调，写如果哥伦布真的到达中国会有何种际遇，读了让人印象深刻。

牟先生一生最后一部大书是长达一千页的《帝制中国：900–1800》（Imperial China: 900–1800），由哈佛大学出版社于 2000 年出版。这是他多年积累的学识和见解的综合，也是我见到的有关这九百年中国史的西文通史性著作中最详尽的一部。此书的缘起是他和杜希德先生曾订约合写一部给大学生读的中国通史，当年决定由杜先生写从秦汉到唐的中华帝国史前半部，而他则负责写下半部。可惜后来杜先生因主持剑桥中国史工作的缘故不得不放弃前半部的写作计划，而牟先生所负责的部分则在他经历了种种波折之后锲而不舍地完成了。书的价值自然也不需我多赞一词，但我一直特别欣赏其中论及周边民族政权和蒙元史的部分，并折服于他对历朝和周边关系的那种明晰而平允的讨论。我曾在此书出版之后写信给牟先生，表示希望能有中译本在中国大陆出版。牟先生很谦逊地回复说，这书里没有什么特别的高见，他同时亦表示出版中译本的时机或许尚未成熟。但我总希望不久的将来他这部论著能有译本与中国的读者见面。

我对牟先生的了解是从进普大开始的，而且是从读他那本《中国思想之渊源》开始的。我第一次见到他是在1993年，那是我作普大博士生的第二年。当时他已退休多年，且已移居到景色瑰丽、空气清新的科罗拉多山中，但每年还是到普林斯顿来小住两三个月以便查阅图书和做研究。他给我的第一个印象就是一个温润如玉的君子，而且说话很平和风趣，决看不出是个经常要和病症抗争的人。他当时正在和杜希德先生合编《剑桥中国史·明代史》的第二册，所以当他知道我师从杜希德先生时，就和我谈起了他的这项工作，并用中文说"我在山上随时听他指挥"，这个"他"当然指的是杜希德先生。但他用标准的京片子来讲，听来好玩极了，让我顿时觉得和他亲近了许多。我最后一次见到牟先生应该是在1995年的春天，那也是牟先生最后一次回普林斯顿来。在他离开前的某一天，突然说要送我一样东西。等我收到赠品时才知道这是他所藏大慧宗杲的《宗门武库》，是光绪七年常熟刻经处刊印的版本。尤其珍贵的是全书有杨联升先生的标点和批校。当时牟先生知道我开始任教，所以特别以此来对我加以鼓励。我一直要到最近才体悟到他大概是要我像接受禅门的衣钵那样继承前辈先生的学风。牟先生在赠我这部书时，还特地附上一封杨先生书信的影印件。杨先生的那封信写得很殷切，特抄录于此：

　　复礼，多谢替我写信吹嘘。《宗门武库》年节之间应可标点寄还。附甲骨文词一首，仿董彦老，释文是："风（借凤字）片片，雨丝丝，一日相望十二时。癸事（借史字）春来人不至，花前又见燕归迟"。字写得不好，聊博一笑而已。
　　即祝
　　双福　并贺新禧

　　　　　　　　　　　　　　　　　联升
　　　　　　　　　　　　　宛君　致候
　　　　　　　　　　　　一九七五双十二

这封信写作的年代离今已整整三十个年头，距离我最初读到这些文字时也已十年了。于风片雨丝的春日光景将临之际，留下的是哲人不再的感慨和一个特有的人文时代之斑斑印迹。

陆　扬

二〇〇五年旧历元月四日于普林斯顿

附录：刚收到余英时先生挽牟复礼诗二首，特抄录于此。我上面的文字正好给余先生的诗句作注脚。

近世论文史，公居最上游

都城记白下，诗赋解青丘

萧译传瀛海，赵门取状头

暮年成巨秩，一卷足千秋

汉学开新页，普城创业时

揽才真有术，礼士更无私

授道恃身教，关情托酒卮

从公深自喜，微恨十年迟

融入其中，方能观乎其外（序二）

　　阐发中国古代思想和哲理的著作已有很多，无论是以哪种文字书写的。如何衡量它们的质量呢？我比较看重两个指标，即原本性和边际性。所谓原本性，是指要深入到中国古代原始文献乃至它们揭示的生活世界里边，在消化和理解它们的前提下做出自己的阐释，而不是只依据流行的理论框架，比如这种或那种历史发展阶段论，来摆放材料、划定时代、评价人物和流派。所谓边际性，则是指能做出跨文化的切当对比，带给读者以思想上的"边际效益"或带有锐缘的鸟瞰领略，而不是只在中国古代这一域里打转，让人越读越沉重而无新鲜所得。

　　牟复礼教授的《中国思想之渊源》在这两方面都有不俗的表现，特别是考虑到它写作于上世纪七八十年代。虽然此书因篇幅小论题大而未做精细的论证，但从其叙述和判断所展示的见地来看，作者肯定对华夏原著有详审的阅读经验，于中国人的生活世界有某种亲切体会，不然不会说孔子是"一个人们可以和他促膝款语、一同诙谐的魂灵"（69页）、《易经》"言辞的游离闪烁正是其目的所要求的"（22页），也不会对现代疑古主义做出比较公正的批评（94页），并看到新文化运动以来甚至被海外新儒家们所忽视的儒家思想的根本——家与孝（60—61页，37页），等等。而在边际性方面，此书尤为出色。从开篇对中外文字及其在各自文明中地位的对比、中华文明的自源性，到最后一章里对"帝国"的中西不同含义的辨析，全书都或显或隐地以跨文化对比的方式，使读者对中国古代思想的理解具有了边缘感。这种阐释方式可能与此书是针对美国大学的历史教育而写的背景（导论4—5页）相关。为了让曾经深受西方中心论影响的美国人比较恰当地了解中国古代思想，牟教授势必要通过对比突出中国的独特性或他者性，以便突破基督教传统和西方学术视野的浓荫遮盖，起码打开几块林中空地而让中国特色显露出来。而这个努力，对于也生活在西方中心论现实里边的当代中国读者来说，也肯定是有意义的。

　　以《易经》为开头来介绍中国人的古代世界观是合适的，作者的介绍甩开了认为此书是占筮之书而否定其纯思想价值的老套子，在对比中看出它"昭示了一种令人惊异的宇宙观，一种关于人的潜能的哲学"，因而可以"成为后世历代思考和创见的源头活水"（22页）。这里作者不仅引用荣格的看法试图点出《易》的深层含义，而且接下来通过与其他民族特别是西方人的创世说的对比，展示出中国古代世界观"本然自生"性，以及怀特海所说的"连续性、整体性、动势性"，或李约瑟讲的"没有主宰却和谐有序"的独特性。请注意，牟教授引用的西方看法，基本上属于当代西方哲学或思想，已经突破了传统西方的形而上学或思想方法上的二元分叉和对象化实体观。这就使得对比更加贴切，因为这些思想的品质已经与中国古代哲理可以接得上气了。这就好像当年"西方"——印度、波斯、罗马帝国、中亚等等——的许多宗教和相关哲理通过丝绸之路传入中国，但只有其思想品质与中国有缘分的佛教大乘的般若学、如来藏说等能接气扎根一样。这种在对比中开显思想要害的表述特点，也体现在此书后边对儒家、道家、墨家、名家、法家的讨论中。

因此，将此书翻译为中文，让中国读者通过一个"外观者"的对比角度来打量自己祖先的哲理思想，很有意义。其中一个比较重大的就是有助于让我们摆脱1915年以来形成的反自家传统魔咒的控制。比如这个反传统思潮声称，由儒家主导的两千年是专制主义，包括思想上的专制，但牟教授通过与基督教文化的对比表明，儒家社会恰恰是特别宽容的。"［古代中国］与西方重要的差别就是，不论是政权还是社会领袖都不会镇压非常规的思想和行为，哲学家和上层传统的捍卫者也不会声称他们代表了启示宗教的唯一真理。"（39页）反传统思潮还认定，以儒家为主流的中国思想传统中充斥着"封建迷信"，缺少清明的理性。而此书在对比视野中对这个思想传统下的一个重要判语则是"理性（的）"（34页，46页，54页，84页等），并同时认为基督教的神启文化是被"超理性"的"独断的权威"主宰的（46页）。如果我们比较一下基督教统治的一千多年西方史与同期由儒家主导的华夏史，则可以爽快地赞同这个判断，中国要比欧洲更"理性"，更宽容。

由于中国学人与牟教授在许多方面的差异，我感到我们可以沿着他提出的一些问题更向深处思考，这恐怕也正是这本小书的本旨，即激发思考和讨论。比如，要恰当地理解此书所强调的中国思想的"理性"特点，就必须进一步追究这个"理性"的含义。如果顺着此书的脉络再向前走，那么就可以说儒家主导的中国思想相对于基督教的思想世界是理性的，其主要意思是说中国古代哲理更忠实人的生活世界和这个现象世界，就在它的变易之流中寻找让这生活有意义、有秩序、有道德和有美好生命境界的真理，而不是在变化的现象界之外、之上设立绝对的信仰实体来主宰这个世界。因此这种不离变易或"唯变所适"（《周易·系辞下》）的道–理是时化的，"与时消息"（《周易·丰·彖》），"趋时者也"（《周易·系辞下》）。由此看来，这种中国思想的理性，应该首先被理解为是一种时机化的（或时几）、非二元分叉的理性，与受古希腊形式化数学塑造的哲学理性或概念化理性，乃至近代结合数学化理论假说和实验的科学理性，都不同，也不能只用"实践理性""实用理性"或"道德化理性"来概括，因为这种时几化理性也有天马行空的一面，比如《易传》和《庄子》表现的。大家都要讲理，所以可以说两边都是理性的，但讲理的方式有重大不同，传统西方的主流方式要得到那些超出变化、控制变化、战胜变化的理，而中国古代的主导方式是寻求能够进入变化、领会变化和驾乘变化的理。

此书对中国古代哲学特性下的另一个判断是"在洞察心理方面的敏锐，以及对心理因素的一致专注"（143页）。从他对《周易》、孔、孟、荀、道家等的解释（22页，64页，78页，102页，139—140页）大致可以推测，他这里讲的"心理"可以理解为广义的"意识"或"心"，但这意识或心可以是非主观的、根本性的乃至发生性的，所以也可以称其为"让意义和存在生成之心"或"意义发生的机制"。

作者提出一个他自认没能完全回答的问题，即"是什么导致了中国的这种特殊性？"（142页）。他尝试用"关注现实"或"宇宙论"来回答，但都不很满意，因此要说"她的模式已然明了，但成因尚付阙如"（145页）。如果我们将他已经提出的一些线索连缀起来，或许能够将探索推进一点。他说到了中国文字、《易经》、儒、道、名、墨、法等。相比于服从可形式化语法的（"屈折语的"）希腊语和其他西方语言，没有语法形式变化的（"分析语的"）汉语和中文要靠上下文、对仗、虚词和音调等关系来形成意义。所以它鼓励的是一种只凭借语境关系来构造意义和道理的思维方式。于是我们看到：《易经》通过互补对立的易象或阴阳关系来理解世界、人生和人心的发生和维持（牟书言《易》而未及阴阳，殊为可惜）；儒家以夫妇、亲子和家族关系为根形成仁说和政治哲学；道家则从"负阴而抱阳，冲气以为和"（《老子》42章）的天人关系说衍生出各种变体。等等。

　　对于牟教授的一些具体观点，我也有不同看法。比如说"先秦儒家从没讨论过终极实在（ultimate reality）的哲学问题"（89页），庄子是循着"一条全然主观的道路来寻找真知"（139页），法家在秦之后"接下来的朝代取得了成功"（160页）等等。这里限于篇幅，就不展开讨论了。如果能深入理解《易经》的阴阳观及其在主流哲理和历史实际中的决定性影响，那么就可能得出不同的判断。

　　王重阳的译文清晰流畅，有很强的可读性。而且，他在页边加上的一些概括和评议，也时有精彩之处。同我一样，他在某些地方也表达了与作者不一样的想法。这不但不会掩盖此书的长处，反倒能增加阅读的趣味和丰富性。因为很自然，任何原本性都需要背景，而这种背景的适当多样化有利于形成那让理解来临的"降雨云团"。

张祥龙

丙申年元月撰

自　序

　　在中国悠久的历史中，有什么可以解释她卓异的特质，有什么可以解释她举世无双的源远流长而又生机不辍？她的过去之于今天又有何重要？欲回答这些问题，我们就要转向中国思想发轫的悠远上古。不过我认为：我们要想了解中国文明何以屹立得如此持久稳固，就必须理解奠基于文明底下的思想根基。

　　研究古代中国最宜一开始就把这个文明的思想根基梳理清楚。因为中国的精神生活并没有像其他文明一样，高度分化成相互割裂，甚至相互竞争的范畴，诸如哲学、宗教、科学等等。譬如中国的政治，它是个体道德伦常向社会的延伸；知蕴涵着行。先哲们乐此不疲地争论一切对知行有用的事情。在本书所涉及的中国哲学的黄金时代，可以轻易发现思想和更为宽广的文化的互动，尤其是在社会和政治领域中；同时还能认识到，缕清这种互动的脉络是最富趣味和启发性的。

　　正是由于这条脉络迤逦不辍，由古及今，都是中国人生活的核心，所以它的开端仍和当下的中国非同寻常地关联着。

最晚近的中国现代化的领袖们也证明了这一点。古老文明中奄奄一息的和如日中天的同样都关涉着如何理解现在的中国。毛泽东和蒋介石都通过阅读文言经典获得其基本的教养，这种写作风格两千多年前就臻于成熟，至今仍鲜活。在这个世纪，没有任何一个国家的领袖能如此直接地继承这么古老的文化遗赠（是衣钵，还是包袱？），不论这种继承是捍卫、是叛逆，还是二者兼而有之。

VI

这本小书当然不是一部通史，即便是对它所关注的先秦的几个世纪亦是如此。该书高度选择性地探讨了中国文明的几个特征，勾勒其精神生活的轮廓，承载它们的思想和典籍一直被后世奉为核心。

本书并不想把思想分析成孤立纯粹的哲学概念，而是将其看做大的文化背景下构成智识的成分（intellectual elements）；它展现的是一个历史学家对中国文明的回溯，回溯到她形成之初，寻找那些在后世一直至关重要的东西，要知道，这个文明已经成为人类历史中令人赞叹的奇观。今天，两千五百年前出现的思想比伴随这些思想形成的各种制度更清晰可辨，因而也更受重视。不过，我们不是要评价这些思想有多少抽象的效用，而是要呈现其作为中国文明核心要素的重要性。

这本书本意是一册为大学和学院提供背景知识的读本，佐参世界史、中国传统通识等课程，或作为入门读物，用于那些更精细地介绍中国先秦以后历史的课程。如果这本书也能被其他研学历史的读者当作中国科目的导引，进而指引其阅读更学术、更原创的作品，也就偿全了笔者的心愿。

作为一个中国历史的研习者，我想提到所有在知识上惠及我的人，尽管对于这么一个广袤的主题，这种列举不太可能。如果未能做到一一答谢而有所遗漏，那绝非是一种傲慢，因为这或许本就是"不可能的答谢"。不过还是要提到在准备这本书时，给我直接帮助的那些人。普林斯顿东亚研究系的珍妮特.米尔斯基（Jeanette Mirsky）和中国语言学研究项目的主管基尔曼（Frank A. Kierman, Jr.），这两位同事博学多才、语感精微，他们通读了全稿，对体例、观点都斧正良多。另一位同事杜维明教授，在这个领域学问深湛，他在很多问题上给了我敏锐的意见。对于这些同僚的慷慨帮助，我深谢以忱。

本书的绝大部分是我在普林斯顿人文委员会（Council for the Humanities）期间的一个学期里完成的，我要感谢这个委员 会的慷慨支持，让我得以从大部分教学任务中脱身出来。

最后，还要感谢普林斯顿亚洲收藏部的特别助理馆员童世纲，感谢他所给予的不可或缺的帮助。他所在的伟大的图书馆功能流畅、不厌所求，舍此我们研究和教学的努力都无以为继。

修订说明：

在本书出版后的17年间，教学之中使用此书的同侪和学生，以及别的读者朋友已经让我意识到修缮的需要。这次修订，我心存感激地回应了他们的建议。考古发现和相关领域的学术进展也提供了新的信息，引发了大量思考和重估。与本书最初出版时相比，现在的不同或许就是人们日益认识到中国上古历史与理解我们的今天如此直接相关，不论是在中国还是在海外。我希望这本修订后的小书依然有助于那些寻求理解中国和我们自己的人。

最后，我要感谢我出色的同事陈大端，他的书法让该书的封面、扉页和章首都平添雅韵。（编按：本次修订版并未使用陈先生的题字）

牟复礼

唐代伏羲女娲像，新疆阿斯塔纳出土

中国上古没有神创世造人的神话。
伏羲女娲造人的神话出现较晚，
而且仍然以男女交配的方式来解释人的起源，
而不是完全超自然和超理性的

英国诗人威廉·布莱克的绘画，《太古》

描绘了上帝是造物主，创造一切，包括人类。

而且上帝不仅仅创造万物，且赋予万物以秩序，如画中圆规所象征的

导论　走向真正的世界史

理解中国人的宇宙观和世界观，
步入中国人心灵和历史，
对西方人的自我认识独具价值。

早期的世界史（universal history）作者大都采取了下面两种策略中的一种：要么书写他们自己的文明的事迹，妄称之为世界史；要么书写神学式的历史，讲述上帝如何统治尘世的王国。西方中世纪的历史学家同时采取了上面两个策略。他们认为自己的过去就是整个人类的历史，并相信他们的过去正是神意（providential plan）的表达，历史的意义和价值就是从中赋予的。

文明隔离时代

大航海

最初撰写世界史的努力都失败了，因为人类本来就没有共同的过去。在哥伦布到达之前，美洲文明在与世隔绝的情况下壮丽地绽放。古代地中海周围虽然生活着众多交往密切的民族，但是他们相互之间仍只是皮毛。而中国人几乎对其他阜盛之邦全无审识，直到19世纪，他们仍然认为自己的文化观念放之四海而皆准。中世纪的欧洲虽然在跟伊斯兰世界的交往中获益颇丰，但依然是个封闭的社会。

15世纪欧洲的航海发现开启了欧洲同世界其他地区交往的新时代。从1600到1900年间，欧洲人迁居到其他三个大洲，他们征服印度、瓜分非洲，并且决定性地影响了中国和日本的历史进程。欧洲在世界的扩张留给了西方史学家一个有待综合的主题：非西方的世界如何变成了欧洲的原料仓库、政治傀儡和技术乞丐。虽然欧洲人对非西方民族的宗教、艺术、文学、社会结构、政治制度的了解大为长进，但西方史学家书写的世界史仍是一如既往的井底之见。唯一有所改变的就是公元1500年以前的那种神学假设。可以说直到19世纪，他们和开明的殖民地官员相比也强不了多少。

欧洲统治的衰落、欧洲边缘国家诸如美国和苏联的崛　XII
起、非西方国家如中国和日本的走强、世界经济的出现、扩及全球的国际体系，都提供了更多的选择、更宽的视野。将来的历史学家应能写出真正的世界史，因为不论是好还是坏，全世界从此都只能在一部历史里存续生息了。

不过这并没有让理解和书写越发悠久的世界历史比以前更容易了，当代的现实和危机增强了我们的惊诧和同情（sympathy）[1]，减弱了我们世界史观念中的狭隘，教育我们研究非西方文明时少几分种族中心主义的偏见。我们这个时代产生的众多德性之一就是努力做到：承认我们自己过去和现在的信仰的相对性，同时肯定研究非西方文化的文明价值。在历史学家的教学中，明证就是将非西方的材料整合

---

[1]　此处意指对其他文明的尊重和理解，没有怜悯的意思。——译注

到对传统西方文明的审视中，教授世界史的兴趣也就会潜滋暗长。

牟教授这本专论中国思想根基的书是"世界文明研究系列"十二本平装书中的一本。还有一本关注的是现代中国。其余十本，分别研究日本、印度、非洲、拉美、中东等地区早期和现代发展的各一本。这套丛书是想帮助教师更有效地使用非西方的材料，让大学生在其术业中，尽早了解西方文明史概论课中通常并不研究的那些民族的历史经验。

历史如此悠久，而一学年却只有三十周。这种不对等便是为什么概论课要用大部分时间学习我们自己的西方文明史。同时，这也促发了在比较的基础上进入非西方历史的愿望，牟教授才情熠熠的文章说明这个方法可谓一举两得：一方面，描述了和我们相异的思想传统，要求我们为了理解它，就必须谦逊谨慎地审视其历史，摒弃用我们自己的文明进行盲目的比附，放弃我们关于时间、空间、因果性、人性和历史的最基础的假定。另一方面，它要求我们（也是帮助我们）廓清、自省到我们自己的思想传统中的假定，这些假定和中国人的迥然不同。譬如，我们知道，中国人没有真正的创世神话，这让我们更清楚地看到《旧约》中创世的上帝对西方思想塑造的程度。把握中国宇宙生成论的前见对西方科学的前见亦具有警示作用。简而言之，熟悉中国人的思维模式本身就是好的，就如同所有好的历史一样令人怡然、发人深省。同时，对于这异质的、尚仁的（humane）传统的知识也有助于加深我们的自我理解。

尤金·莱斯
哥伦比亚大学

从尼罗河岸边眺望吉萨金字塔群

尼罗河定期泛滥，
造就了以大河农业为基础的古埃及文明

伊拉克乌尔的金字塔

古代两河流域也是以大河冲积平原的农业为基础的

雅典卫城和露天剧场

爱琴海地区的古希腊文明孕育了众多城邦，产生了人类历史早期最复杂的政治生活。
气魄宏伟的神庙和露天剧场，是繁盛一时的城市居民共同体生活的见证

印度的Brihadeshwara神庙

公元前2000年以来，雅利安人从中亚进入印度大陆，
带来了种姓制度和宗教，形成了独特的文明

秘鲁的马丘比丘古城是印加文明的代表

在和其他文明隔离的条件下,
美洲也产生了伟大繁荣的玛雅和印加文明

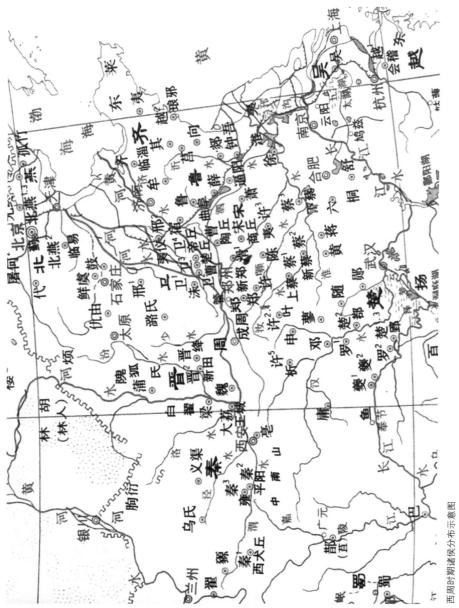

西周时期诸侯分布示意图

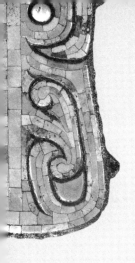

第一章　历史的开端

寻找"中国"

中国文明成形于何时，我们能在历史中找到"中国"出现的那一刻吗？

中国文明是外来的，还是本土自生的？汉字这一世界上使用时间最长的象形文字能够说明中国文化的原创性吗？

中国思想的奠基是在商，还是在周？武王克商后，是确立本族的文化正统，还是延续商代的文化传统？

在中国思想进入黄金时代前夕，支配着中国人心灵的是什么样的观念，什么样的政治和世道？

　　一个文明的基础有如下几种：物质的、精神的、社会的、制度的。物质方面包括人类自身及其生活的环境；其他几方面则是在这个环境中积淀起来的产物、对环境和自身要求的回应。环境因素虽然极其重要，但仅仅用与土地较量以求族类存续来解释中国人独一无二的生活模式是不够的，因为这个问题对别处的先民是一样的。地理学家葛德石（George B. Cressey）曾发现过中国模式的一些特别之处：

> 　　生活在中国的人比其他地方都多。十亿多人曾在这片沃土之上生息过；世上再无他处居住着这么多与自然息息相连的人口。*千余世代的人们在大地和地貌之上留下了不可磨灭的痕迹，以至几乎没有哪寸土壤还是处女地了。这么庞大的人口需要养活，只有最辛苦的操劳才能保证足够的收成。几乎所有土地都已经极尽了人工。很明显，气候和地形影响了生活的方式……其他地区或许有历史更悠久的，但却无一发展出比这更成熟的天人

*天人适应的
　农业文明

2

间的适应。[1]

对于中国历史，人们已经用尽了各式各样的环境决定论。一位中国思想史家冯友兰说过，中国农耕生活的那种固守土地的特质决定了先哲们的基本概念：农业生活关心真正的价值，胜过抽象的概念；中国的环境条件于商业而言并无优势，而其他古代文明则颇得地利，所以它们关注数字和抽象的数学概念；*农业生产的形式产生了以家庭为核心的价值，催生了合作的模式，而非个人化的、竞争性的模式；对自然循环往复的意识强化了自然在价值框架中的角色，诸如此类等等。冯的观点虽然饶有趣味，但作为整体的解释却失于简单。在一个循环的发展中因和果难以甄辨，以此很难解释结果何以又成了原因。

在中国人的观念架构中，农耕社稷具有至高的价值，*这的确是自然环境的结果。但是这种价值观反过来亦可成为初因，推动中国文明向前发展，这期间，还有别的价值观与农耕至上的价值观竞争。*中国社会中的重农理想作为基础，蒂生的伦理价值规范了诚笃之人该如何行事。这种价值观阻

* 越是早期，环境对文明的塑造就越大。古埃及有平坦宽广的尼罗河泛滥平原，促发了几何学，然后传播到希腊；而古华夏为台地农业，四季明显，所以更关注天文节气，而非几何。

* 传说周人的祖先是稷，善稼穑。

* 譬如在沿海地区，渔业和商业文化更为发达。

---

[1]　George B. Cressey, *Land of the Five Hundred Million: A Geography of China*. N. Y.: McGraw-Hill, 1955, p.3.

黄河壶口瀑布

黄河哺育了中原的粟作文明，长江则哺育了南方的稻作文明

云南哈尼族梯田

广阔的土地，丰富的地貌和气候，
在漫长的历史中，产生了中国极富多样性的天人适应的农业方式

碍了将人力、水源、水力和畜力用在得失难料的工商业这类"不生"（nonproductive）的产业之上。*

那么，究竟是什么决定了什么？

不过，在此处并无意辨析历史理论，只是在重视环境因素的同时，强调中国人适应环境的独特之处。

任何对东亚先民生态环境的思考，都显示了中国人创造的文明中，物质因素同其他要素错综交织，不能剥离。除了物质基础，还要考虑构成中国人生活的非物质的精神基础。精神基础一方面表现为观念、态度、价值，还有中国人施诸环境之上的各种原发的或外来的知识；另一方面则包括社会和制度的形式、人与物质资源长期互动的产物、主导思想相互作用的结果等等。

这些构成中国文明的要素演进的历史极其漫长，要追溯到东亚的史前时代，对于那个时期，我们仅有残留下来的遗龟断甲。在那个阶段，我们还没有明确的依据把当时人，甚至可以说是原始先民称为中国人。*此处碰到了一个谜：一个成熟文明的名字是什么时候被用在他们祖先身上的。还不止于这个谜团，在人类史所有的谜中最令人困惑的就是，成熟的中国文明最初来自何方。在那时，中国的文字和青铜技艺一出现时就既是独创的，又包含了外来的东西。许多专家强调中国文明古今一脉的连续性，强调她与其他先进文明的相

* 环境催生农业文明，而农业文明作为结果又成为原因，进一步强化农业文化的价值。

3

* "中国"最先出现在周武王时制的"何尊"铭文中。

对独立性，以此作为对中国特质最具价值的说明。* 那么"中国性"（Chineseness）到底有哪些历史内涵？我们能在历史中找到"中国"出现的那一刻吗？

中国文明最能标示其特质的或许就是她的文字，中国可考的书写历史开始于公元前2000年到公元前1500年间。我们发现了那个时代的大量遗迹，其中包括文献材料。然而这个文明的主人却很难确定。过去四十年里考古学家发掘出了大量利用兽类肩胛和龟甲制作的祭祀遗物。20世纪二三十年代，中国华北平原的河南省，出土了成千上万片这类坚固耐久、刻着卜文的甲骨。这些甲骨已经被明确地认定为殷商时期（公元前1500—公元前1100）的遗物，依据是卜文的内容：一个完整的君王世系谱。系谱中的这些商代君王统治着商朝最后一个国都——殷。* 甲骨文是一套成熟的文字体系，有人猜测在这之前至少要有一千年的发展过程。同时发现的青铜器，其铸造技艺和艺术观念让人震惊。

4

* 甲骨文上出现的商人先王中，有部分生活于定都殷之前的时代。

商朝晚期是更古老文明的延续，关于他们的甲骨文同样更为古老的猜测也得到了证实。1986年中国社科院在今中国西北的西安附近发现了一处遗址，出土了甲骨文，时间为公元前3000年到公元前2500年。这不但提前了晚商——殷的时间，而且也将整个商朝的时间提前了。这些新发现的商朝甲骨文被确认为更古老、更原始。

这个最新的证据，加上近期在全中国范围内的其他考古发现，或多或少推翻了以前的中国文明外来论：说甲骨文这种独创的文字，看似人类历史上两三种完全独创的书写体系之一，可能和与之密切相关的青铜技术一样，都不是中国的，而是从世界其他地区传入的。

所以，我们不能再言之凿凿地质疑东亚的文字和青铜技术的独创性。进而言之，我们更不能忽略孕育这种文字和青铜技术的文化整体（cultural complex）。尽管我们还没有直接找到甲骨文最早阶段的证据，但已经发现了最早创造甲骨文的文明跟同地区的、更早的、尚无文字的新石器文化之间存在着文化纽带。可以想象，传统中国的始基在那段史前时期就已具雏形了。*

* 黄河中下游的中原文明、胶东海岱文明、上游的甘青文明、辽河上游的红山文明等，都深入参与了"中国"最初的奠基。

但中国的信史，就如同其他文明一样，被认为只有在发明了文字之后才算正式开始。经过专家的破译和解读，甲骨文不断更新着我们对古代中国的了解。里面透露的信息经常可以关联到其后公元前一千年里的众多文献。让惯存怀疑的历史学家震惊的是，公元前一千年间的文献中关于中国上古的记载已经从过去半个世纪的考古研究中得到显证。*这让如今很多历史学家产生这样的预期：终有一天，考古研究将会证实中国的历史可能会更久，尤其是将印证夏朝（传说中起止时间为公元前2200—公元前1700）和早商（都于殷之前，约公元前1760—公

5

* 新出土的文物与古籍记载相互多有印证，对疑古派历史学有很大矫正作用。

元前1500）的帝王世系。中国内地过去四十年开展的一些考古
工作虽然将重点集中在商文化上，但早商或更早的历史还没
有在已有的甲骨文和其他文献中找到清晰明确的印证。在此
之前，或者说在其他证据完备之前，中国文明开端的精确叙
述就依然是一个美妙的谜，让文化史的学者们沉迷于思索和
推测中。

　　不过，还是暂让我们接受商文明的起始时间是在公元前
15世纪，这业已为更多的历史和神话文献所明言，我们可以
很有把握地断言商朝是中国历史最早的信史。这个最早的文
明基础中已经在很多方面彰显出"中国"的特质。那时，商
政权已经视自己为文化发达的"中国"（central kingdom），视周
边民族较少开化，且容易被商文化同化。商朝的领土只占据
了黄河中游的冲积平原（和今天法国面积相当），这里却一直被
视为古代中国的中心腹地。商朝的自然环境使她的经济可以
建立在精细的村社农业基础上，她所在的华北地区，水土气
候、山形水势在历史上几乎没有大的变化。*

　　商文明的手工艺品的大量生产显示了制造上的高度分
工。她已经达到了考古学家所说的成熟城市文明的程度。商
朝出现了贝币，促进了大范围贸易的形成。她的青铜技术令
后世无法望其项背。丝、玉和其他奢侈品显示了商文化的精
致。基于祖先崇拜观念和血统的繁琐仪式标志着商朝社会

*根据现在的
古地理研
究，商代时
期的渤海海
岸线比今天
的更靠近太
行山脉，河
南地区可能
比今天更靠
近大海。那
时的气候也
比现在温暖
湿润。

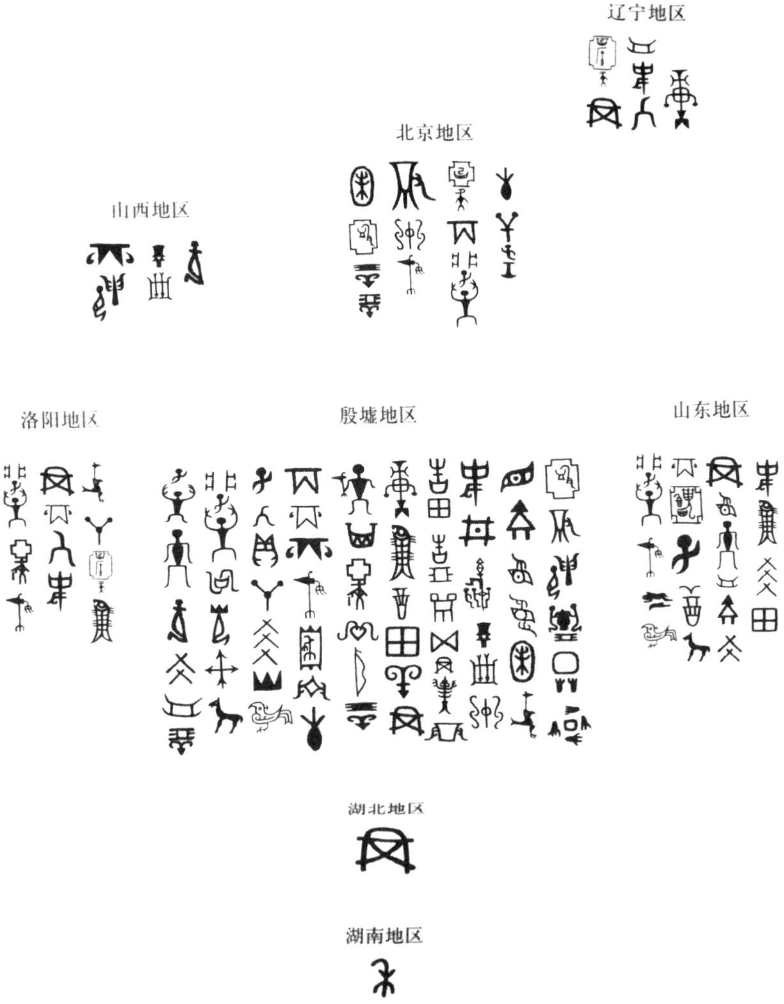

辽宁地区

北京地区

山西地区

洛阳地区　　　　殷墟地区　　　　山东地区

湖北地区

湖南地区

商代以前繁多的族徽

显示了华夏民族融合形成之际具有很高的多样性

商代前期兽面纹鼎

青铜器的演变不但显示了中国文明的原生性，也显示了从商代到战国，时代精神的转变。

也可以看出中国文明内各区域文明的差异，如中原、楚、中山、秦、蜀等地青铜器不同的风格

商代后期人面鼎

商代后期的虎食人卣

古蜀三星堆文明的覆金青铜头像

西周中期大克鼎

春秋时期楚国王子午升鼎

战国时期中山王鼎

具有等级结构和复杂的社会生活。考古学家张光直推断，殷商文明确实是广泛而深入的巨大变化的产物，是一个新的现象，新石器时代到此为止，中国的历史由此开端。*

张光直还主张商文明是在中国早已出现的事物基础上发展起来的，这说明东亚的青铜技术、文字和车战有自己的渊源，而此前人们比照西亚的这三种事物，一致认为它们都不是中国本土的，而是渊源于西亚。如今大多数学者都推测这些事物是纯粹中国本土的创造，尽管最近有考古证据显示新发现的东亚和东南亚的几处遗址可能是新石器晚期重要的文明。不过历史学家何炳棣在对中国农业进行的里程碑式的研究著作中指出，中国文明的卓异特质显示她不太可能是源自印度、新月弯[1]和其他文明中心的各种元素传播交融的结果。*

暂且放下悬而难断的考古疑团，商朝所取得的众多成就直接滋育了中国文明在周朝九百年的国祚间臻于成熟。一些学者进一步引申说，商朝的艺术促进、激发了整个环太平洋地区的艺术传统。这让我们豁然清楚，商朝腹地是将冶金、农业成就和精神—社会文化辐射到整个中国，同时也辐射到东亚、东南亚的中心。

历史的类比总有不可小觑的缺陷。不过，有人说周人是古

6

* 应该说新石器时代早在商代迁殷之前就结束了，此处作者对早商的文化比较低估。

* 何炳棣指出中国发现的水稻遗址早于东南亚和印度，而非相反，中国文明是东亚，甚至是西太平洋文明圈的辐射中心。

---

[1]　Fertile Crescent，即沿埃及、两河流域至土耳其东南地区的新月形地带。——译注

代中国文化世界中的罗马人，*这个比方虽未必准确，却也不
乏契合之处。譬如，他们都地处周边，尚武重兵，善于政治；
不过周文化却突然绽发，在感性和思辨（esthetic and philosophical）
两方面都取得了等量齐观的成就（有点像希腊人），并且将这二
者融合到自己的国家和社会中，使中国文明的发展进入一个
新的阶段。

　　有些学者甚至认为周人征服的不仅仅是商朝的疆域，而
是今天中国版图长江以北的中心地带，它糅合了各种文化流
脉，形成了全新的文明。我们如果接受这种观点，那只能在
周人称霸并融合了各种文化之后，才能真正谈得上"中国文
明"。这种观点低估了商周之间文化的延续性，十有八九会被
否弃，不过这观点却提醒我们格外重视周人的征服。*周的征
服扩展了中心文化区域的影响，随着日益扩大的版图，将更
多的地域纳入到早期中国中原文化的辐射之下。

　　以希腊和罗马类比商朝和周朝会产生一个根本的误导。
周人的语言与殷商人很接近（这和罗马希腊人各有悬殊的语言不
同），并且在公元前1111年武王伐纣之前就已经使用商朝的
文字来书写他们的语言。（当然，公元前8世纪之前的编年记录在时间
上有些许出入，人们也正竭力确定武王伐纣的具体时间。[1]）而且与罗

> *周人既像罗马人长于军事和政治，又像希腊人长于哲学和艺术。

7

> *譬如周穆王著名的西行之旅，是探险，出访，还是军事征服？

---

[1]　关于武王伐纣的具体时间有多种说法，夏商周断代工程认定周灭商的牧野之
　　战发生在公元前1046年。——译注

马和希腊的关系不同，周在灭商之前，是商朝的属国（border feudatory），在文化和政治上都是商的臣民。当周夺取了世界的中心（就当时所能了解的地域范围而言），它热切地期望继承掌控这个独立文明之中心的权力。周渴望名正言顺地成为道德和政治上的继承者，而不是徒以戎武为胜的蛮夷。周人对此深信不疑，在其文化宣传（cultural propaganda）上，它强调商周两朝的祖先同根同源，* 都是渊源于一个高度神化了的先祖，从那里分出商周两支王族的谱系。周王室比商高明的是，他们利用当时尚在发育的中国文化的一切方面来声称自己取代商朝的合法性，例如宫廷的语言、仪礼、官制、商周共同的文化标准以及意识形态基础等等，周通过一种跟欧洲的封建制似是实非的分封关系达到了这个目的。周的缔建者和继起的文王武王将他们通过姻亲结成的宗族和亲戚分封到大约五十个重要的封国，在战略上让他们掌控要道重地。此外，他们还分封了二十个伐纣时的主要盟友。作为昔日天下共事的宗主，商朝的后裔也获得了一个重要的封地——宋，让他们能继续奉祀先祖。在这七十多个封国之外，大概还有两百多个方伯（local lords），他们也拥有自己主宰的弹丸之地。所有这些封国中，大多辖地局促，无足轻重，以至在文献中鲜有提及。这些封国的数量稳步下降，到公元前8世纪，大概只剩下150个左右，其中只有25个有影响局势的实力。到公元前4世

* 夏商周都认为其祖先源于黄帝。商周文化最大的差异在其宗教方面，商人好巫，文化气质更重鬼神崇拜；周人好礼，更重祖先崇拜。

8

纪，兼并之势已然登峰造极，只剩下被强侯蹂躏的周王室、七个强大自遑的诸侯国和屈指可数的几个危弱小邦。

众邦拱卫的周王只在其国祚四分之一的时间里维持着军事上的威慑优势，公元前770年之后，周王国军力衰微，就在这一年，边陲的战乱和中亚蛮族的入侵迫使周王将国都*从渭河之滨（今西安），东迁到洛阳。尽管如此，周王室作为名义上的宗主，仍然统治了五百多年。这一权力来自周的开国君主们苦心经营、并且随后被周文明滋养培固的天命观念（mystique legitimacy）。

直到公元前256年，周王的宗主之位才被秦宣布废黜，秦依靠强大机动的军队在公元前230到公元前220年的十年间逐步统一了中国。秦是周的继承者，是重新统一中国的统治者，秦朝国祚虽短，却让中国历史步入帝国时代。

但就在中华帝国诞生之前的周朝末期却成了中国思想的黄金时代。*从孔子开始到秦完成统一的三四个世纪里，中国人的基本思想得以奠基。从那时起，支配着中国人心灵的观念以及周代的社会和政治元素，很大程度上，塑造了今后中国的历史，它对我们的考察大有裨益。

*周幽王宠褒姒，犬戎破镐京，杀周王。

*即雅斯贝尔斯所说的轴心时期。希腊、印度、中国同时出现了奠定各自文化核心要义的思想大师。

9

第二章 世界观的开始

没有创世与造物主

中国人为什么认为宇宙不出自造物主之手，而是自为自化？

在上古中国智慧的结晶《易经》中，天是指神鬼和祖先，还是宇宙功能的一种抽象表达？

中国古代的宗教为什么没有形成能够和皇权抗衡的宗教力量？

中国人的宇宙观如何造就了无"原罪"和轻"法律"的文化？

中国人思想中的权威来自哪里？是神鬼、帝王、法律，还是圣人？

中国产生文字的时间比近东地区要晚。尽管我们发现了在公元前3000年前中国有文字的新证据，不过还是比近东的苏美尔人晚一千多年。与商代同时的克里特人在公元前2000年从象形文字发展出了线形字母文字，此后经希腊人继续完善，并经由腓尼基人，这一发明泽及整个地中海文明。不过直到荷马时代（公元前9世纪），希腊人书写的文献仍然寥寥可数，这些文献成了日后希腊文明的核心经典。亚述人在公元前7世纪就以他们宏大的图书馆而闻名，而埃及和巴比伦保存文献的历史则更早。然而这三个文明全都湮灭消亡了，她们的浩繁卷牍也没在后世发生可观的影响。大致跟晚商和周初同时的雅利安人征服了印度次大陆，他们带来的宗教经典吠陀塑造了印度文明。但雅利安人没有文字，所以印度人在公元前6世纪前，没有文献，甚至连吠陀也未成书，能流传至今的文献不早于公元前3世纪——而此时，中国已经产生了大量文献，这些文献很多流传至今，并且仍是中国人日常生活之旨圭。

故而，下面这话盖无大谬：早期文明中，再无像中国这

埋藏甲骨的墓坑

刻有卜辞的殷商时期的龟甲

西周毛公鼎

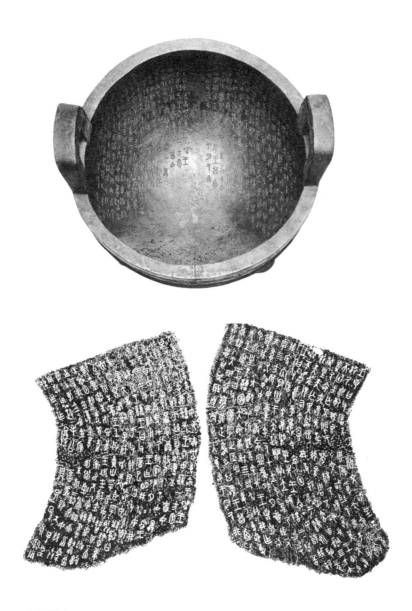

毛公鼎铭文

毛公鼎铭文是目前所发现的铭文字数最多的青铜器

王羲之《丧乱帖》

中国人对文字的敬畏之深，
还表现在将文字书写发展成为极为高深精妙的艺术，书法

古埃及象形文字

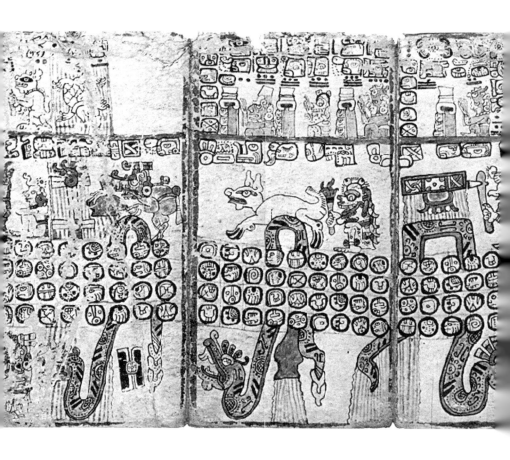

玛雅的象形文字

两河流域的楔形文字

样，有如此广泛而繁多的文献从公元前500年以前流传下来；*也没有比中国更重视书写和研究文献的。中国即使不是世界上最早创制文字的文明，但其被文字所化之深入、完善却是举世无匹的。

孔子（生于公元前551年）本人述而不作，他的门徒辑其言而成《论语》。孔子之时，上古之学已经受到崇敬，孔子有志于学，但却认为自己的思想不值得载入简牍。孔子周游列国都城查阅文献，裨补其母国典籍之阙漏，增益其史礼之学识，更博闻广见，阅读了大量当时被崇奉研习的典籍。不过这些典籍文献大多毁于公元前3世纪的兵灾政祸。*所幸的是，简短的甲骨文和青铜器铭文还是使我们拥有了一些初周之"书"，它们有的完整，有的些许缺失，但还是和流传至今的面貌大体相若。其中有《易》（或《易经》）、《诗》（或《诗经》，魏礼〔Arthur Waley〕将其译为《歌集》）、《书》（或《尚书》、《书经》），还有大量关于礼仪活动的描述和解释。*这些既是人们研究探寻的对象，也是人类智慧富集的宝库，更是注释学统的呈现，我们驻目于此，就会看到上古中国是怎样一个书写之邦，一个用文字建造不朽的文明。

在浩繁的典籍中，《易经》对中国思想一直发挥着最持久广泛、充满活力的影响。如今它已经成了世界文明不可缺少的要素，当然，这其间《易经》也在被滥用。

《易经》与中国人的心智

任何断语利见都不能尽言《易经》的重要性。《易经》是一部卜筮之书，体现了周人传统的卜筮方法和观念，这和商代利用骨卜的方法是不同的。*《易经》昭示了一种令人惊异的宇宙观，一种关于人的潜能的哲学：人在宇宙运化之中拥有主动创造和自由的潜能。当代的一些思想家发现其中蕴涵着可贵的价值，例如心理学家荣格认为《易经》对于探索无意识具有非同寻常的意义。《易经》的卜辞（不包括《易传》）大概可以追溯到公元前12世纪周朝的口头传统，最迟于公元前7世纪形成了今天所见到的文本形式。从孔子之时，人们就对卜辞和其他部分不断增益，*《易经》伴随中国文明成长、臻熟，作为哲学，它成为后世历代思考和创见的源头活水。随着中国哲学视野的日益拓展，《易经》总是能巧妙地适应中国思想的各种诉求。但是，《易经》绝非仅仅如其他文化里的那些"智慧之书"，其价值顶多是从日常事理中提炼出来的东西。*而《易经》远非如此，为了能言说更多的涵义，它的言语读起来飘忽，实则是对心智深处的玄妙意识。它既不简单，也不直乏，它言辞的游离闪烁正是其目的所要求的，下面就是个典型的例子：

* 除易占之外，还有龟占、骨卜、星占、鸟占，等等多种占卜方法，而易占又分连山、归藏、周易不同流脉，商人也用易占而非只用龟卜骨卜。

* 孔子钻研易经，但尽力剔除其占卜的数术含义，而侧重发挥其哲理含义。

* 易经不同于古印度或以色列的那些劝世箴言，而是包含了符号，由符号组成卦象，卦象关联现实世界，这种关联半抽象半直观，半人为半偶然，需要高明的阐释和深厚的阅历，是直觉、智慧、艺术的综合。

三十二卦：恒卦

亨。无咎。利贞。利有攸往。

12

《象》曰：雷风，恒。君子以立不易方。[1]

上面当然只是这一卦的卦爻辞的一部分，援引这段只是要展
示《易经》语言的特性。一个人如何妙用这种表述风格的思
想？我们能把它看做无稽之谈弃如敝履吗？在中国的历史上
的确有人心作此想，但最精察审识的思想家却始终看重理解
和运用《易经》，这已经成为中国古代先哲的特点，历朝历代
都在强化《易经》的核心地位。*

> *易经后来在
> 文人手里已
> 经不再是占
> 卜指南，而
> 是较量学养
> 和思辨的试
> 金石，在
> 五四之后知
> 识分子对易
> 经逐渐失去
> 了热情。

因此，我们应该郑重地把《易经》看做中国人心智的最
早结晶（就其普遍性的特质而言也是人类智识的结晶）。我们要领会是
什么从古到今一直让中国的哲人思客如此痴迷，并且将它视
为检验中国特质的试金石。

《易经》作为古代文献对我们最重要的意义就是传达
了一种最早的世界观，这种世界观后来更加完善清晰。西方
人却很少认识到中国人的这种世界观，并且仍然没有正确地

---

[1] *I Ching, or Book of Changes.* 由贝恩斯（Cary F. Baynes）从卫礼贤（Richard
Wilhelm）的德语译本转译为英语。该德语译本有荣格写的前言以及卫礼贤和
卫德明（Hellmut Wilhelm）写的序言。Bollingen Series, vol.19（Princeton, N. J.:
Princeton University Press, 1967），pp.126-127.

给予关注，而在他们的意识中、他们关于中国的大多数著作中，这种意识就更少了。*

有机的世界观

没有比西方人误解中国世界观的基本性质的过程，更能说明一种文化理解其他文化的方式，以及一个人在理解其他文化时所运用的自己的文化元素的尺度。

现代的欧美人坚持一种未经检验，而且也被证明是没有根据的假定：所有民族都认为宇宙和人类是外在的造物主创造的产物（直到上个世纪，现代科学和西方思想仍然主导着全世界的宇宙论）。由于把假定的基本类比当成事实，西方人在翻译中国典籍时依赖的是用我们自己文化的表达，进行似是而非的比附，并且以此机械地解读中国典籍，这满足的不过是西方人喜欢在其他文化中听到回声的癖好。*

因此，17世纪的人以及后来的传教士认为孔子对基督教真理曾有过暗示，这真是一种"近视"（正如历史上对思想和文化发展的作用一直评价的那样），就像阿奎那看待亚里士多德一样。20世纪的历史学家如果仍继续这种短视是不可容忍的。应该取而代之的是种更富趣味的探索：在摆脱了我们自己的先入之见之后，通过对中国宇宙观的客观理解，我们对中国将会

13

* 哲学与诗在西方文化主流中是分开的，而在中国的易经思维中则是合一的，这是西方很难理解易经思维的原因。

* 这种癖好所显露的文化上的偏执和排他性与漫长的基督教传统有关系。

有怎样新鲜深刻的认识？

　　对于外来者而言，他最难以发现的是中国没有创世的神话，这在所有民族中，不论是古代的还是现代的，原始的还是开化的，中国人是唯一的。这意味着中国人认为世界和人类不是被创造出来的，而这正是一个本然自生（spontaneously self generating life）的宇宙的特征，这个宇宙没有造物主、上帝、终极因、绝对超越的意志，等等*。即便中国的这种信仰并非一直如此，至少其他类型的信仰没有在中国后来的思想里留下印记，甚至在中国历史发端的时候也没有。中国其他独特的宇宙生成论（cosmogony，对宇宙起源的解释）显示了，中国文明在和华南少数民族文化的遭遇中*，在和印度、伊斯兰、基督教思想的成功交往中，创世和超越的造物主的观念在中国人的心灵上都没有留下太深的印象。中国人自己的世界观则以圣贤传统[1]（Great Tradition）之名成为各家各派的共同财富。这些观念广泛濡染着整个中国社会，在绵延不绝的中国文化历史之中，它的主体几无改变，变得只是细节的工巧和诠释。

　　儒家学者杜维明在一篇文章中回顾了这一看法，并力图纠正，他说中国世界观的独特性与其说来源于创世思想的缺乏（他认为中国在文字产生之前可能有创世的神话），倒不如说更

* 春秋以来，阴阳、五行和气的理论成为中国人解释宇宙存在和机制的主流，这三种理论都把存在看作是给定的，本然的。

* 苗族等民族中有所谓的创世神话。

14

---

[1]　Great Tradition，此处指高级的学术文化和精英传统。——译注

多地源自创世这一概念的另一部分含义：有机的整体和万物的相关（organismic wholeness and interconnectedness of all being）。他写道："……表面上看，中国历史文化中缺少创世神话，实际上下面有一个对现实更基本的假定：这个现实就是存有之万象是有机关连的。"*在他看来"本然自生的过程展示了三个基本机制：连续性、整体性、动势性"（continuity，wholeness，dynamism）。他对这些思想的展开正是新儒家的本柢，引起了众多新儒家的关注。这说明了有机宇宙观对后世仍然重要。[1]

　　不过，杜维明完全赞同西方人很难搁置自己继承的犹太—基督教式的创世论前提，来理解迥然不同的中国宇宙生成论的含义。

　　卜德（Derk Bodde）总结评析了古代中国与创世相关的神话（下限至公元前3世纪）。他说，在所有中国上古的神话以及能流传至今的神话中，只有盘古开天能算得上真正的创世神话。但在上古时期，中国人是否熟知这个模棱两可的神话都很成问题。为什么今天这个神话却变得如此重要呢？很可能是因为，过去的一个世纪里总有人问"中国的创世神话在哪儿"，询问者假定了所有文明都会按照他们的方式来解释世界的存

*其实有机宇宙观不如用生命宇宙观表述更合适，言明我和宇宙并非主体与客体，内在与外在之分，而是类似于肝与胆，皮与毛的关系。

[1]　杜维明，The Continuity of Being: Chinese Visions of Nature. Reprinted in 杜维明，*Confucian Thought: Selfhood as Creative Transformation*. Albany, N.Y.: State University Press of New York, 1985, pp.35-53.

在。忖度了西方人的需要之后，中国人找出了盘古开天的故事作为一个顺手的答案。但是我们必须记得在传统文明之中，这个问题并不是非要回答的，中国人也没有为了回应外来问题而梳理其核心观念的传统。卜德指出盘古传说在中国出现得很晚，直到公元3世纪才有最早的记载，而那时中国独特的宇宙生成观成型已久。他还提到这个神话很可能是从印度传入的，在印度有一个极其相似的创世神话。当然，在中国南部和东南亚的苗族中，也能找到与印度神话平行的中国版创世神话的渊源。*

* 但苗族的创世文化显然没能对中国传统宇宙观的形成产生明显影响。

前面已经说过，宇宙论（cosmology）用以理解世界和宇宙是什么，而宇宙生成论（cosmogony）则用以解释宇宙如何形成。宇宙论和宇宙生成论涵盖了从史前神话到现代物理学的广泛领域。中国的宇宙论和宇宙生成论似乎比其他宗教和神话更接近现代物理学的观点。当然，这与其说古代中国人有超前的"科学"，倒不如说他们奇异独特的思想另辟蹊径，给现代物理学的理论带来了启发。

中国的宇宙生成论主张的是一个有机的过程，宇宙的各个部分都从属于一个有机的整体，它们都参与到这个本然自生的生命过程的相互作用之中，这是个天才卓颖的观念。李约瑟和王铃为了让现代西方人能够理解中国的宇宙论，他们建立了当代的术语和概念，向西方人解释中国人的宇宙论。

然而，中国研究的领域却对他们这方面的工作相当迟钝。旧有的用西方概念进行的错误比附仍旧见诸关于中国古籍的翻译和著作中。在李约瑟和王铃详尽地揭示中国宇宙论思想的性质和含义之前，一些权威学者已经注意到了中国世界观的独特之处。荣格在1949年曾经说过："古代中国人思考宇宙的方式和现代心理学有所类似。不能否认他们心中的世界模式很明显是一种心理—物理的一体结构。"（《易经》，p.xxiv.）李约瑟分析了中国人的宇宙模式之后，称之为"没有主宰却和谐有序"（an ordered harmony of wills without an ordainer）[1]。李约瑟 16 描述的中国人的有机的宇宙让我们瞠目惊讶，和人类历史上其他关于宇宙的观念相比，中国人的观念是何等特别。*它也跟其他的有机的宇宙观不同，例如古希腊的宇宙论，总有逻各斯、主神或者其他想象出来的主宰俯视着被创造出来的世界，他们对于世界的存在是不可或缺的；中国人的观念跟古闪族传统差异更甚，闪族传统孕育了基督教和伊斯兰教的创世观，上帝用手从虚无中（ex nihilo）创造，或是上帝通过自己的意志创造世界；中国人的观念和其他各种机械论的、目的论的、有神论的宇宙论同样肝胆楚越。我们的文明故步自封

* 面对规律整齐的昼夜四季更替，鸟兽草木之珍奇，西方人总是认为有一个至高的智慧者设计了宇宙，而中国人认为无须设计者，万物任其自性就能形成和谐系统。

---

[1]　李约瑟，王铃：《中国科学技术史》（*Science and Civilization in China*，vol.2，p.287. 16 vols. to date. Cambridge: Cambridge University Press，1954-　）。

马王堆帛画中的神祇

三星堆文明的神祇

古埃及法老本身就称自己为神

亚述帝国的神祇

ZETVS   ANTIOPA   AM HION

古希腊神祇

玛雅人的神祇

古印度的神祇

已经由来已久，造成我们几乎不大可能理解古代中国那种迥然相异的世界观。

卜德和李约瑟的工作已经充分表明了中国独特的宇宙观的存在，过去一个世纪里的许多学者也意识到了这种观念的某些基本方面，然而尽管显证无数，人们却熟视无睹、少有质诘者。如果我们认真看待这个问题，我们就会问：一种文化的宇宙论倾向跟这一文化历史中的其他方面有什么关联。

中国式宇宙观的社会效果

如果我们像中国人一样相信，人类多少都在有意识地编制自己的历史，那我们就有望了解中国人意识中的这一特别之处（即它的宇宙观）跟中国人独特的历史是关联的。如果能注意到中国人意识领域之独特性的要点，我们就能觉察到此前我们忽略的差异。中国世界观的内涵，与中国历史的方方面面都息息相关，这种相关性有助于我们的探思。下面的七点将会显示这一问题的范围和意义。　　17

1. 中国的精（spirits）与神（gods）

上古的中国人，抑或对任何时代的中国人而言，都相信世间有灵存在。它们虽与有生有死的常人不同，但不过只是事物的另一种样态而已。人死后，他的精气（气之精者，spiritual beings）仍暂时在世间延宕，在人咽气的时候，这精气中的清与浊分离开。精气中清扬者升，重浊者降（这取决于它们到底是属天还是属地），当然这种分离都是暂时的，最终，它们都同样要回归到大化的洪流之中（the flux of universal matter）。* 那时它们都已不再留有此前属于某人某事时的任何特征。这完全是一种自然（naturalistic）的观念，精和自然的其他方面在本性上一无二致，也都处于同样的自然过程中。在这种哲理化的观念的通俗版中，精确实被等同于神（gods）。* 后来世俗化的佛教又用轮回和业报等观念进一步描画，但外来的佛教也只是来适应中国人的既有观念而不是与之相抵触。

　　因而，不论古代中国人怎样承认或崇拜神灵以及神灵之力的存在，在他们宇宙观的限阈下，没有哪个神灵被尊崇到凌驾众神万灵之上，出乎宇宙六合之外，绝于气化生息，据于因果之端，主宰万物存殁。

　　因为没有什么主神拥有这样的权力，所以也就没有缔造一神教（monotheism）的冲动。只有在接受了因果性观念后，一神教的诞生才是必然之事。荣格和卫德明（Hellmut Wilhelm）在讨论《易经》的时候说到，西方对因果性的偏好，中国对同时性（synchronicity）的热衷，是对事物关系的两种截然不同的解释。

* 这种气化论是在战国时才广泛流布，气成为构成自然、人体、魂魄的基质，是一种一元论

* 基于气的精（精气）。是否同于神是待商榷的，先秦时期的神祇、祖先之灵以及鬼魂等是否完全可由精气解释是存疑的。

　　西方学者假定所有宗教都有着平行演进的倾向，其中高级的宗教将演化成一神教。但中国却是个反例，中国的宗教从来没有沿着这条道路发展。学者们在其他高级文化中发现的所谓宗教的成熟和一神教倾向在中国文化中没有什么迹象。* 中国人在其文化的各个层次、出于各种原因所崇敬的众多神灵都和自然的方方面面融合到一起，较之其他文明中的崇拜对象更缺少一种独立的意义（如万物有灵、圣人崇拜、其他文化中层出不穷的神祇等）。这说明在观察其他文化的基础上得出的高度概括的理论，不能毋庸置疑地推而广之；中国的民间宗教常被称为原始的多神教，或素朴的泛神论，其实都错失了其中更重要的东西。在周代中期的《易经》里，我们能清楚地看到一种新的发展：天，或自然，在此时已经变成宇宙功能的一种抽象的表达，而这个概念在更早的一千年前既指神亦指人，是祖先的神化。许多著作把中国文化的这种转变称为理性的崛起，这一转变是如此明显，却又难以索解。如果能真正理解中国人的世界观，就更容易解释这一转变。如果西方人不再固守以己度人（universal analogies）的思考方式，就能更好地理解中国宗教。

　　前面所有关于中国神灵的讨论似乎把中国人说得比其他民族"更理性"，这在某种程度上而言，可能是现代西方人把对理性的偏好投射到他们的研究对象上的结果，或简言

18

* 所以也可反推一神教并非什么高级宗教。

之，我们之所以能理性地看是因为我们希望找到理性。有鉴于此，我们遑论中国人关于神灵和神力的观念更富于理性，是有破绽的。但就一般而言，中国比起其他早期文明，确实较少狂热的虔诚，面对生命的无常时，也较少弃绝理性。* 不管我们了解最详的上层社会如何看待死亡与长生、吉星与凶煞，中国的上层传统并不弘扬那种彼世的（otherworldly）力量，因为那种力量根本就不存在。* 所有的现象都属于这个世界，都可以获得理性的解释和领会，即便是主张言不尽意的道家亦是如此。中国的传统很少在其哲学中主张，只靠信仰维系的真理比理性更有价值，这恰是基督教和其他宗教的观点。托马斯·阿奎那将亚里士多德的理性推向极致，提出了上帝存在的五大证明，但他却主张信徒们应该超越这些方法，要靠信仰来相信上帝。对他来说，最臻至的宗教生活是信仰之事而与理性无关。中国传统从不借助至高无上的造物主上帝，故无需置信仰于理性之上。它强调伦理和社会事务上的理性，它的知识问题很少涉及那些无法用道理来阐明的信仰。*

　　这倒不是说中国人从没有意识到信仰问题，或是他们特别偏好直觉到的知识。直觉并不是理智，一个人通过直觉获得的知识并不包含分析或推理的理解。尽管如此，直觉仍然是一种知识，而且是肯定性的（尽管这样获得的知识有可能被证明是错误的）。这和信仰不同，信仰可以不求理解。托马斯·阿

* 此处虔诚指一神教，弃绝理性指印度宗教的弃世倾向。

19

* 从中国的墓葬制度看，中国人也有彼世也可以通过此世的安排加以影响，"事死如生"。

* 但中国人的理性最终也会追溯到一些根本的假设，如孟子相信人性本善，孔子相信圣人让人类从野蛮变开化 等等，这也是一种信仰，且无法证明，只能诉诸直觉或常识。

奎那在其临终前的几个月有过一次神秘的宗教体验，打那之后，他说那次的直觉体验所获得的知识，是如此的确凿明定，让他此前毕生的著述和证明都显得一无是处。但他讲的不是信仰的飞跃（leap of faith，他认为这是一个虔诚基督徒不可或缺的），而是一种直截、顿透式的（direct and immediate）确知。

　　我们会看到，有些中国思想家也认同直觉的知识，认为它与推理、理性以及其他通过感官和反思获得知识的途径同等重要，甚至更高一筹。* 中国的圣贤传统接受各种认识论，但却不倡导信仰的各种传播模式，也不鼓励道听途说的求知行为。中国的思想家大多强调理智地获取知识，对宗教的真理也不例外，至少其上乘的做法应该如此。

*中国的思想家首重理智，其次直觉，而虔信和听闻之知最下。

20

2. 对制度的影响

　　我们对上古时期中国百姓的宗教信仰的了解，远不如对存留在中国圣贤传统文献中的宗教记述确凿。但这一点应该是合理的：随着周初迅速增强的理性精神，民间宗教实践中的神学倾向，或者说将一些神祇抬高到普世之神（general gods）的倾向将会被大大削弱，因为圣贤传统既不会，也不能弘助这种倾向。

　　圣贤传统到底和百姓生活的差异有多大呢？它是民间文化的结晶、理性的升华，还是民间文化的对立面？对于如此

* 单靠文献构
建的上古史
的确主要是
精英的观念
和生活，而
很少普通人
的记录，他
们似乎只是
上层教化的
对象。

幽渺的上古时期，这是很难回答的。* 在紧随其后的帝国社会，社会阶层之间的流动性可能很高，其作用远比实际统计学上的大，在这种情形下，信仰使各个文化阶层之间保持高度地一致和同构，每个阶层都把它的上层当作模板来效仿。故而，中国圣贤传统的核心特质经过泛化的（同时也可能是教条化的庸俗化）诠释之后，对众庶的文化产生影响。中国的圣贤传统是排神论的、非目的论的，本质上是理性的，它对社会各个阶层的影响要比在一个社会封闭、层级森严僵化的文明中大得多。中国进入帝国时期前的几个世纪，开放的社会和伴生的中国圣贤传统的宇宙论逐渐形成，这势必弱化宗教的形式化和制度化。这不是说上古中国是非宗教的，而只是说制度化的倾向在宗教领域之内没什么成果，中国人的宗教依旧是个人的事情，在家庭生活中也不是中心，至多也就是地方性的组织。*

制度化倾向在今日绝大多数社会的宗教中都可见到，却在中国不很紧要，这还有另一个原因：他们的宇宙运作不是机械论的（mechanistic）。上古中国人构想的宇宙运作机制只需用内在的和谐与世界有机体（world organism）（这个概念所表述的实际上仍然是可以自然感知的世界）各部分的平衡来解释就足以了，* 它不授意规整的社会组织和机构——如教会或与教会并行的政权——来实现一个宗教给定和认可的目的。

有些宗教可以便利地假托上帝，警戒一个政治秩序离经　21
叛道。而在古代中国，"和"的运作却没有给人们提供任何可
用的明晰的比方，让人们去冒充，也没有造作出超越理性的
权威，让人们得以借用。*

3. 恶的问题

杰出的中国思想和文化史家胡适博士曾不无慧黠地说，
传教士几个世纪以来都因为中国人无法严肃地对待"罪"[1]
而沮丧懊恼。如果我们能了解这是"和"所运作的有机体宇
宙的模式对中国社会产生的影响，我们就能明白为什么中国
人对罪并不重视。在这个宇宙里，没有哪个部分的存在全是
错误的，世上的万物莫不如此，即使是那些由于暂时失衡而
导致的产物（disharmony）。*恶不能作为一个自为和主动的力量
存在，也没有被令人恐惧地人格化。恶不能控制人和宇宙，
人犯的错（error）和其他文明中的"罪"不一样，不会让神震
怒，不会危及人的存在。来世的永生，即人藉由幸运和良善
而超脱现实世界，这个问题此时还没有出现。由于中国文化
的高度同构性，在圣贤传统和大众宗教中，反主流的东西都
会被削弱。

*"父"的概
念，以及女
娲造人的神
话从来没有
上升到至高
的神学地
位，从而具
有宇宙论的
功能。

*西方人常把
恶人、恶兽、
恶虫、恶草
视为魔性
的，故强调
对抗和消
灭；而中国
人则不认为
有绝对恶的
事物，强调
善恶的相
对性与可转
化。

---

[1]　sin，指基督教所说的原罪。——译注

4. 无罪的世界

对中国文化中恶的讨论引出的话题就像在区分耻感文化（shame cultures）和罪感文化（guilt cultures）时遇到的一样。* 姑且不谈这一由人类学家观察相对简单的文化得出的模式能否解释像古代中国这么复杂的文明，但至少给出了一个启示：对中国民族性和中国人人格类型的假设，可以从中国宇宙论那里获得指引，这种宇宙论把人们从各种震慑的教条（mechanical workings）和罪的戒律之下解放出来，让他们跟宇宙形成了一种两不相害的人性关系。然而，中国的道德哲学并不因没有原罪观念而放纵，* 在各个时代都强调自省和自纠（self correction）的必要性，其哲学的根基中，道德责任从来都未阙如。

* 源于文化人类学家本尼迪克特的理论。

22

* 佛教传入前，天谴仍对上层和百姓有约束力，之后则又增加了地狱观念的约束。

5. 权威的来源

我们不妨把这个问题做如下引申：一个文明，没有造物主—受造物的观念，这会对人们产生什么影响呢？在这一环境中，人不会在一个全知（omniscient）、全在（omnipresent）、全能（omnipotent）的造物主面前变得卑微。

在中国，男人和女人同他们祖先的关系看似一样，实际上却大为不同。例如，中世纪的基督徒可以通过从事服务上帝的某种职业来逃离父权的约束。作为儿子，如果不愿意继续在自己的家庭中生活，他们可以加入教会，成为神职人员，被别人以父相称。而在中国，身为人子不孝则为人不齿。即便在国家观念的视角下，孝悌也重于忠君和事国。

那么，中国和西方到底哪个文化里的父权更束缚人？[*]哪个文化更能让人拥有自主的感觉？

相比于弄清楚这个问题，下面这个论断倒容易些：由于对权威和个人责任的规定不同，中国社会已经考虑了这些基本的差别。

中国的宇宙论如何为保障社会和伦理规范行之有效的权威提供基础呢？中国宇宙论和中国法律的理论与实践更值得思考和辨议。中国文化传统中，几乎没有什么神启的戒律，从而也没有对中国法律产生什么影响，这和我们自己的文化传统相比是多么不可思议。

在这一文明中，权威的源泉只跟人相关（或者，道家所说的"自然"），所以它的法律鲜有可能获得那些信仰上帝的文明里所拥有的意义，上帝的法律是超越理性、无可置疑的，它的禁戒书诸典律，施诸众生万邦。

在中国，也不可能有身奉神律的推行者，即便是世俗的君王也不大可能借助神之法与人之法之间的比附，获得推行某种神的法律或世俗法律的权威。很显然，正是由于宇宙论的不同路向，西方的教会和国家体制衍生出了自己的特征。

* 在西方，上帝是所有知识的终极权威，是所有人终极服务的对象；而在中国，父则是子近似终极的服务对象，而在知识上，圣人之言和万物之理则是终极权威。

23

6. 和谐的尘世

* 非神的宇宙
  有和谐；有
  神的宇宙有
  秩序。

非人格化的宇宙和谐地运作，包罗万象，它的目的和那个由至高力量控制宇宙的宇宙论表面相似，实质却不同。*中国的世界观关注此地当下的生活，促使思想家们制定这种生活的形式和模式（forms and paterns）。只有按照中国的宇宙论才能合理地解释仪式化了的中国社会。两者[1]之间的关系是直接而原初的。中国文化和社会历史中有很多令人费解的问题：例如，很多最杰出、最有社会意识的思想家对《易经》赋予的巨大作用；还有，从中国圣贤传统的理性视角和培生大众的宗教实践来看，君主政权所起的作用似乎前后不一。

* 中国的智识
  精英不像西
  方启蒙思想
  家那样抨击
  宗 教 和 祭
  祀。因为中
  国的宗教和
  祭祀都有实
  际目的，而
  中国士人是
  务实的。

其实，要记住这一点，这些问题就不会那么费解了，那就是：朝仪国典，《易经》占卜，以及中央、地方所信奉、资助的宗教都是"世俗的"。他们吁求的力量就是这个人们所生息的自然之世界的力量。中国人的空间一直栖居着被崇敬和畏惧的神、鬼、地方神祇、崇拜物和幽灵，这些东西与人之间的关系要由国家来规范化（formalize），宇宙中自然的力量与人的关系也要由国家来监管（supervising）。但是国家是否造成了士人们的压力，让他们接受那些与其哲学相左的信仰和实践呢？*在古代中国的哲学家那里，你不会察觉到西方古典哲

---

[1] 指宇宙论与社会。——译注

学中那种同政治与社会蓄意的疏远。[1]

　　古代中国在管理社会的方法上同西方相比还有一个基本的不同，在这个和谐过程的世界里，划分异类（heresies）和打击危险崇拜（淫祀、邪神）也存在，但处理这些问题的方式却和前现代的西方基督教社会不同。*在基督教社会以及其他启示宗教（revealed religion）统治的社会里，同异端和危险崇拜的斗争诫命会从宗教的非理性资源中吸取权威。而中国对这些行动的判定则反映了国家的利益和地方精英从事的社会实践的形式，虽然二者也都未必是理性的。理性的哲学家也参与这些判定（还有以后帝国时期的士大夫们），虽然哲人们对政治活动保持一定距离，但还是有例外的情况，他们会直接参与其中。不论中国人如何处理异见，与西方重要的差别就是，不论是政权还是社会领袖都不会镇压非常规的思想和行为，哲学家和上层传统的捍卫者也不会声称他们代表了启示宗教的唯一真理。*这就限定了人们所采取的立场和行为模式，对中国的世界观影响其社会各方面的方式，有一种更引人深思的考虑会有助于我们理解中国。

24

* 当正统派无法从理解上驳倒异端时，就使用世俗权力和暴力镇压，即非理性的。

* 所以，中国没产生自认为掌握终极真理的宗教裁判所，而是主要依靠是否有"理"，是否符合圣贤传统等原则来判定。

---

[1]　Allan Bloom, *The Closing of the American Mind*. New York: Simon & Shuster, 1987. Especially "The Relation between Thought and Civil Society" and "The Philosophical Experience," pp.256−284.

7. 时空概念

时间观念或时—空观念是最为有趣的问题之一。"宇和宙"这两个字意思是"屋檐"和"屋梁"，屋顶的一部分，或一个有界空间的边界。不过早在公元前4世纪《庄子》中就有这两个词各自的解释。[1] 宇宙被解释成人们对自身在时空中所处位置的意识。李约瑟把中国古代思想比做他所说的怀特海式的（Whiteheadian）对网状关系偏好（reticular relationship），或对过程的偏好，而深受牛顿影响的西方思想则偏好"个别"和"因果链"式的解释；怀特海把宇宙的过程描述成相互交织的事件之网，而牛顿则把宇宙构想成一系列离散事件串成的因果之链。中国人所感受到的宇宙过程是多面的，影响着身处其中的人们的生活，每个人都是这一过程中的能动因素。

中国的宇宙观需要两种时间观。一种是循环的宇宙时间，没有开始，没有末日（Year One）。宇宙进程（自足的宇宙自我创生的过程）的各个阶段被视为一系列的逻辑关系，而非编年上的序列。宇宙过程中，所有阶段都在同步呈现。

另一种时间观则是发展的，线性的人类史，在其中人

---

[1]《庄子·庚桑楚》："有实而无乎处者，宇也；有长而无本剽者，宙也。"——译注

类创制文化的成就累积有起点，尽管这么说或许并非十分
贴切。*

对于中国历史、文化和人们关于人之天职（ideal roles）的
看法，如果我们要想真正理解，就必须用中国的宇宙观来解
释，不能用我们的宇宙观来比附。这不是说被忽略的宇宙观
鸿沟将西方文明以及其他文明，包括东方文明和中国文明隔
离开。中国文化的记载必须要解读，文献必须要不断翻译，
直到我们对历史和文化的无心的误用被发现、评估，或必要
时被纠正。当意识到这也是中国必须承担的任务时，会让人
感到害怕，中国也在同他们阐释西方历史和文化时的误解
搏斗。

我们可以设想，随着科学不断加快技术的标准化，制造
新的普适的（科学在努力争取的）宇宙生成论和宇宙论，将来所
有民族的文化特性和身份都将消融和消失。我们的社会是一
个由遵从科学的精英和信仰宗教宇宙观的大众共同组成的，
这种内部的裂痕，要比古代中国和我们的文明的宇宙观差异
大得多。科学同化所有文化的速度还没快到我们可以省去理
解这些差别的麻烦。我们必须做好准备，考虑和观察这些最
根本最重要的差别。

* 中国古代一
直有所谓圣
人创制说，
使人类在某
一时刻脱离
了禽兽之蒙
昧，此为第
二种时间
观。

26

第三章　先秦儒家

百代正脉

儒是周代的新贵，还是商朝的遗民？

孔子是儒，还是士？

孔子如果真是"述而不作""宪章文武"，那如何成为百代的宗师？

孔子之后，面对分裂的孔门和天下，孟子何以成为儒家新的领袖？

孟荀之间针锋相对，谁才承续了孔子思想的正脉，孟荀在后世不同的起落遭遇跟他们的思想有何关系？

据我们所知，孔子从来没有称自己为"儒"，但他劝勉自己的门徒去做"君子儒"（真儒，genuine ju），此后几千年的历史中，儒家对这个词的使用异常固定，"儒"最宜译为Confucian，或更宽泛地译为文人（educated man）。要明白孔子在中国历史上的地位，就要知道：儒这个词在孔子之前是什么意思，这个词在周朝时是否就已经广泛使用了。目前最有影响的说法是，儒在语义上有"柔""顺"之义，指的是供职于周王朝的商朝遗臣。商在被尚武的周人征服之后，那些博学的商朝贵族屈顺了新的宗主，为其提供礼仪和治国的知识。儒和周的那些踌躇满志的士不同，他们没有权力，但他们在文化上有自我优越感，并且力图存续他们优越的文化，为此他们仍然秉持商朝传统的价值，并将其注入到新的王朝中。* 他们的知识是周朝不可或缺的，也是他们维持其地位和重要性的关键。所以，儒敬畏他们的传统，颂扬他们的知识，一点都不奇怪；而从他们的传统中衍生出一个以此为特征的学派也在情理之中。

* 孔子的学说中哪些是商朝文化的回响呢？

27

儒的传统与起源

　　或许可以把儒看成是更早、更原始的萨满传统的传人。* 萨满是可以和众神及精灵沟通的男女，他们出现在很多中国文化的毗邻区域，如中亚和北亚，他们规劝君主和酋长如何行事。萨满在长江中下游平原的楚国文化中也很重要，这个北方商周文化的主要对手最后在公元前1000年被吸收到中原文化之中。但萨满却仍在中国的一些地区亚文化中不绝如缕。把儒看做是中原圣贤传统中转化后的理性化了的萨满，确实方便，但是我们却没有证据。我们甚至没有明确的证据认为商和初周时那些博学的政治顾问和礼仪专家就是"儒"，不过简明起见，权且如此。

　　我们可以说，商文化已经是"智者"文化，而非巫觋（hollyman）文化，到了周朝，理性氛围更趋明显，王室的智囊团在国家和社会生活中扮演着越来越有影响力的角色。大概直到商朝晚期，他们仍然主要是神灵世界的和个人仪式行为的顾问，在礼仪中，他们的行为被视为效法着神灵。并不是所有社会都像中国一样发展出如此广泛和有意识的仪式化的行为，而仪式化的世俗社会的基础正是古代的宗教信仰。到商朝时，仪式的缘由还是半宗教性的，人和神的和谐开始具有了伦理的意义，礼仪行为的权威来源最终从超理性的

28 （superrationnal）转化为纯粹理性的。毫无疑问，这种不可思议的、衍生于早期商代神灵世界的事迹，构造成了虚拟的历史（pseudohistorical），仍带着些许宗教特征的圣王便取代了神灵，成了政府和社会获取知识的来源，他们积累的智慧被记录在书籍文献中，供人理性地解读。贤哲对经典的掌握取代了通灵者呼唤神鬼的异能。

从哲学上说，礼仪是用以促成宇宙和谐的。圣王赞许礼仪，也是因为这个缘故。儒恰好有接触礼仪的条件，因为他们能读能写能卜，也能根据《易经》解卦，不过他们从来不赋予《易经》诸如天启（revealed truth）、神诫、超理性权威等特征，理性终于取代了独断的权威。

在孔子之前，儒所行使的职责相当于其他文明社会中僧侣担当的角色。* 在周代，他们的作用虽然缺乏宗教和宗教组织的支撑，但他们还是获得了带有神秘色彩的正统性和正当性，这保证了他们获得了与宗教相类似（尽管不相同）的权威性。儒的作用包括：第一，制定诸位祖先神灵的礼仪关系，尤其是周朝王室、诸侯、其他领受周王封赏者的祖先。由于周人宗族认为周上承天命统治万民，并且对王室祖先具有责任；同时大多数诸侯国都分封给了王室宗亲，所以周王室的宗主权所具有的政治上的权威，不可避免地跟祖先崇拜结合在一起。第二，他们观测天象，明审季节，校制历法。

* 商代有专司祭礼占卜的贞人或职业卜者，与儒未必是同一人群，倒是在汉代儒才成为垄断祭祀和典礼的群体。

历法是王室的特权，历算失准或误用都是欺君。不过，如果
正朔失时或节气错乱，那也可能被看做是君主与上天不谐的
明证，这确实会危及周的天命（Mandate）。因为此事关涉甚
大，儒者必须进行专业的天文观测和计算，这就需要保存详
细准确的记录。故而说，史官出于天官。第三，作为朝廷的
文官，儒者熟悉史故、成例、先人的智慧，因此他们充任史
官、谏官、谋臣等等。儒能担当这些角色，靠的就是他们的
智慧和对典籍的娴熟掌握。*

　　在商代，这些知识集团是世袭的贵族。武王克商后，他
们不得不充任令他们沮丧的职位，侍奉盛气凌人的征服者。
他们肯定窃想着有朝一日商人重膺天命。商人的后裔孔子还
记着商周之争，在周克商六百多年后他重申周公的功绩：重
新奠立了商周共同的利益和融合的基础。孔子盛赞的这位典
范是文王的儿子，武王的弟弟，也是继承武王君位的儿子成
王的摄政。现代的历史学家对文王早有争议，认为他笼罩在
迷雾中，模糊不清，但孔子却认为他是个光照万代的哲人、
治世的贤臣，他保证了周能承袭天命，并且是商周文化融合
的象征。或许将历史与文化的象征重新塑造得如此意义非
凡，正是孔子最富创造力的成就。孔子或许误释了历史，但
他却创造了后来中国历史中最重要的东西。他虽然是商人的
后裔，其政治上的座右铭却是：吾从周。在周朝的力量衰朽

29

*此处把儒作
为史官、卜
者、礼官、
天官、谏官
的合体，值
得商榷。

天子（太牢九鼎八簋）

九牢鼎：　牛　　羊　　豕　　鱼　　腊　　鲜鱼　　鲜腊　　肠胃　　肤

七镬鼎：　牛（肠胃）　　羊（肠胃）　　豕（肤）　　鱼　　腊　　鲜鱼　　鲜腊

三羞鼎：　膷（牛肉羹）　　臐（羊肉羹）　　膮（猪肉羹）

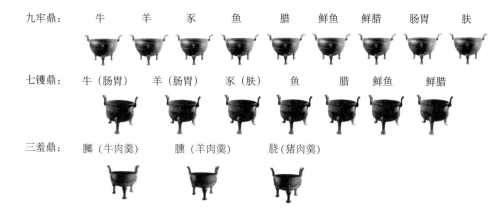

诸侯（太牢七鼎六簋）

七牢鼎：　牛　　羊　　豕　　鱼　　腊　　肠胃　　肤

五镬鼎：　牛（肠胃）　　羊（肠胃）　　豕（肤）　　鱼　　腊

三羞鼎：　膷（牛肉羹）　　臐（羊肉羹）　　膮（猪肉羹）

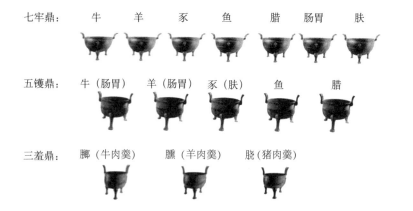

周代的鼎制

周代将食器发展成礼器，
形制和数量严格地对应着主人的身份和地位

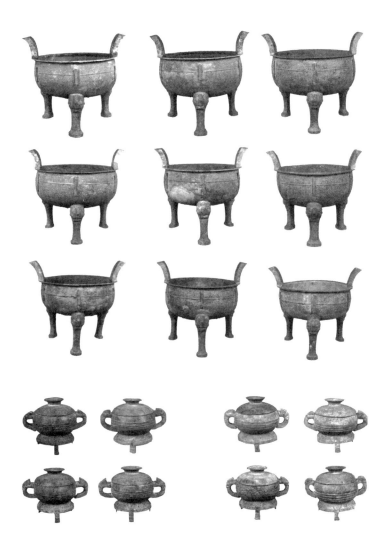

九鼎八簋

编钟

乐制也是周代礼仪系统的重要组成部分，礼乐就用来代指整个礼仪体系

包山楚墓漆画 "聘礼行迎图"

已久、社会动荡和文化变迁威胁着周的国祚之时，孔子成了周朝政治秩序最伟大的捍卫者。他召唤、麇集中国的知识领袖回到周的道路上，不过最后的结果没有体现在政治上，而是发生在中国人的文化生活中。*周代的政治结构不断瓦解，最终消失。"吾从周"不再是一个政治宣言，而是成了一个文化取向。此后，周代的文化和价值观念，经过孔子的放大和普遍化，成了中国人生命之主流的河床。

孔子，这个生活在政治变乱时代，除了通晓古代传统之外别无长物的儒者，为何能成就如此伟绩？世界上其他民族的历史中，再也没有像他一样的奠基者。

* 孔子没有挽救周的崩溃，但却因为成功将周塑造成一个理想社会而成为一个"素王"。

30

孔　子

周朝的繁荣被公元前771年到公元前770年中亚蛮族（犬戎）的入侵终止了。周王将都城东迁到黄河岸边的洛邑（今洛阳）。从此周王所辖的范围便沦为一个小国，周围环伺的是不断相互吞并减少的侯强。这些诸侯虽然实质上已然独立，但长期以来一直奉周为宗主。周已经完全文治了（civilized），换句话说就是非军事化了。周的力量已经完全礼仪化——神权取代了现实的权力。儒在这两个过程中都起了巨大的作用。

随着周王国社会的非军事化，儒作为臣僚，其重要性超过了日益沉沦的士。士是周朝级别最低的世袭贵族，这个曾经跟儒形同水火的竞争阶层最后逐渐和儒融合为一了。[*] 此时，战争技术发生了重大的变化，车战终于消失，取而代之的是大型军团，骑兵也被运用到战争中，这一切导致了士阶层几乎无所致用。他们开始对儒的传统和作用非常认同，以至于儒和士成了同义词。在后来的汉语中，士也可解作"文人"，仕则尤指"文官"。

正像士是先前周朝军事上的保卫者一样，儒从中周以后取代了士的军事力量，成了周王神权正统的捍卫者。儒者们运用其知识成功地维持周的宗主权力，让周的国祚又延续了五百年。周朝的统治竟然能延续到公元前256年，这足以证明儒者的成功：他们树立正统的典范，并在这些典范早已失去现实力量之后仍赋予其丰富的意义。

孔子虽然自称是殷人后裔、专精典籍授学，但他又有很多旧周士人的质直性格。他在精神上同时承嗣了儒和士，他本身就是儒士合流的明证。[*] 他毕生所为的结果就是完成了这个融合的过程。他给"圣人"理想赋予了一个新的普遍化的诠释，它保留了先前儒与士两种理想之间的内部张力，但又将其整合在一个一致的意识形态基础里。孔子生活的时代是历史的分水岭，时局动荡、变化剧烈、上下失序，在这分崩

* 起初，儒文士武，最后儒士合一。

31

* 儒者文，士者质，文质彬彬，然后君子。

离析的时代中却发生着最关键的转变。这种时势激发了对这些剧变富于创造力的回应，产生了对人的各种问题的系统反思——或者称之为哲学，入世的风险也催生了对生命的终极思考。

孔子（公元前551—前479）是我们所知的中国历史上第一位自觉的哲学家。他之后很快就出现了更多的哲人，他们跟孔子的哲学观点或远或近，为后世的思想初辟了全部疆域和蓝图。孔子和他的学派引领着这个思想领域的一端，并且以尚古和保守为特征。* 儒家的各派大多具有强烈的道德感（ethical sense）、社会责任以及对同时代问题的建设性、理性的解决方案。

从社会经济学的角度看，公元前6世纪到公元前3世纪，中国正处于迅速发展之时。铁已经广泛用于制造农具和兵器，农具等技术的改进大大提高了农业的产量，农民也从中周之后摆脱了被桎梏在土地上的处境（如同中世纪欧洲的农奴），成了拥有土地的自由的农民。人们开始拥有固定的姓氏，这比世界上其他社会早一千五百年。旧时代的贵族失去了世袭的权利，尤其是在国家和地方世袭官爵的权利。社会下层有了很多跻身上层的机会。

诸侯国之间在经济、战争、外交方面的竞争，为贤能之士提供了一个不再拘泥于家世出身的舞台。

* 但儒家也经常以尚古为名义进行变革，所谓托古改制。

32

各国竞相变法，政府迅速垄断贸易和工商业，统治形式越发高效，一国的壮大常以邻国的损失为代价。社会道德方面，源远流长的价值观被弃如敝履，兵衅的荼毒日益频繁残酷，这些社会剧变的恶果如此常见，深深震撼了孔子。其实，他本人并没有什么旧贵族的既得利益处于岌岌可危中，他对这些问题的回应也从不狭隘拘泥。相反，他的这些回应产生了深远影响——不论他自己是否清楚——他为一个新的社会创造了意识形态的基础。* 尽管他不可能预见到这个新社会，甚至也不会认同这个社会。正因如此，一些现代学者还在争议：他到底是个复古派，还是革新派？是仅仅"祖述尧舜"，还是戮力维新？

　　公元前551年，孔子生于今山东西南的鲁国，他姓孔，名丘。"夫子"是敬称，意为"哲人"。到16、17世纪，"孔夫子"被欧洲人拉丁化为"Confucius"。

　　鲁是周公的封地，它呵护着周代最古远高贵的文化传统，自矜于它和初周最近切纯正的血缘纽带。孔子的祖父原居宋，宋是商朝王室后裔的封地，而后亡宋奔周，并在那里过了一段小有起色的贵族生活。但到了迁居鲁国时，这个家族已经没落了，他们是政治动荡、社会激变的牺牲品。

　　孔子立志靠自己赢得一条仕途，但他的确不适合作朝臣。在他的时代，做官必须要甘于谄媚逢迎，攀附权贵，为

* 孔子的学说要等到东汉才真正成为统治地位的意识形态。

主人出谋划策，不计道义原则。对于这种活法，孔子的性格过于赣直苛刻了，他成了让当权者见而生厌的人。他坚守自己的原则，而且由于他的博学无与伦比，他总是能为他的原则找到知识来辩护。他在鲁君那里当了一段小官，经过几年求鲁君垂青而不得，只好去周游列国，辗转十年寄望于找到能采信他的明君。

公元前484年，失望的孔子回到鲁国，五年后于鲁溘然而逝。在他自己或同代人看来，他毫无建树。一个门徒曾问过他如何评价自己，孔子的回答可说是他最贴切的墓志铭："其为人也，发愤忘食，乐以忘忧，不知老之将至云尔。"（《论语·述而》）

孔子对自己的评价可谓谦逊有加，他可能是有意如此，不过的确没有反映出他的创造力和巨大成就。孔子将自己定位为一个先代文化的传声筒，但实际上，他至少有三项创造，直到今天，仍然是中国文明中持久的特征。这三者和儒家思想一起开始被称为儒者之学，我们称之为儒家，我们视其为最能定义中国文明特质的成分之一。他对一个文明的塑造力度是举世无双的。

他的第一个创造就是私人讲学，孔子毕生都是一个学者。孔子之时，人们已经把学识看做可以济世的重要手段。尽管如此，周朝除了为预备官员和低层官员进行的任职培训

之外，并没有设立专门的教育机构。这些人与生俱来就有世
袭的特权，在出仕之前就已经受过了初步的家学熏陶。职业
的教师和学校还没有出现。孔子不经意间成了第一个职业教
师。作为鲁国最渊博的人，孔子担任着一个无足轻重的官，
经常有人来向他请教，这状况愈发频繁，直到最后成了孔子
的主业。他想来一定非常擅长，终于成了他的职业。

　　他作为一个预备官员，实际却做了四十年的教师，他希
望有朝一日能担当大任，但却无可作为，亦无所进展。在结
束了十年的列国周游之后，他终于真切地明白了，他"真正
的大任"永远也不会降临在他的肩头，教师才是他的天职。
不过他从来没有真正甘心于此，他的教育总是有着现实指
向，而不是超然世外。* 他建立了一种跟现实世界息息相关的
"师—生"模式，这一模式是如此有效，竟很快成了垂范整
个社会的标准，历代沿袭，不可取代。

　　孔子的第二个创造和第一个紧密相关，它们的意义和持
久性是互为解释的。孔子确立了教育的内容、方法和理想。
尽管作为一种公共服务，教育是十分专门的，但孔子坚信一
种更全面开放的技艺的学习（liberal arts）。它包括研习经典，
尤其是诗、书和礼等；对这些经典的研习既包括哲学层面，
也包括实践层面，换言之，不仅仅涉及语言和文学，还有历
史和伦理；但研习的重中之重则是什么才是为政的正途。除

34

* 他传授的学
问主要就是
如何担任政
府官员，最
正确地治理
社会，而不
是研究自然
或纯粹的知
识，这和苏
格拉底或康
德很不同。

* 儒家的教育
结合修身与
技能，理论
与实践，但
绝不局限于
特定的职
位，即"君
子不器"。

了研究经典之外，教育内容还有音乐和体育[1]。*这种非职业化且非专门化的教育跟十八九世纪英国绅士为服务政府所进行的培养是不一样的，孔子确立的这些教育内容在此后中国两千五百年间一直是所有知识分子所要接受的，以备用公济世时的各种需要，如平叛、凿渠、税赋、书史等等。直到晚近，政府疲于应付社会现代化的复杂需要之时，这些教育仍能敷用。这种教育没有无法完善的痼疾，而是一种理性的、开放的教育，它跟文明一起成长而不会变得贫瘠、僵化。孔子在其有生之年确立了这种教育的核心文本，传授这些文本的方法，以及衡量个人进展的理想标准。

孔子的教育被忠实地传承下来，不论朝代变迁、世易时移。然而原始儒家的精神内涵则在后世不断更新，这恰离不开孔子教导的方法——对经典的仔细研读。纵观中国历史，革新的特点就是总是采取一种援古判今的形式来矫正当下的实践和误读。每个人都有权力和责任给出孔子之教和经典习用的权威解释。每个自许的革新者都可以将古代的观点拿来做权威，这其间，自然有对有错，有真心的、有利用的，对这些古代观点，谁解读的更具"权威性"，完全取决于智慧和学识的高低，对经典的诠释就是这样向前发展的。

---

[1] 此处体育实际指射和御。——译注

孔子的第三个创造，也是最难评价亦最难解释的一个创造就是孔子的学生有各种出身，并且他把这当成一条原则。在他的数十名可考为真实历史人物的弟子中，只有两个是贵族，其他都是庶民，很多甚至出身卑贱。尽管在某种程度上说，孔子希望恢复周初的那种社会标准，但他却一直在破坏那种社会赖以维持的特权制度，这种制度保证特权者自动袭得官职，"君子"或者贵族子弟就是这样的特权者。* 孔子坚称：君子应该用来称呼那些德行智慧卓然其上的"圣人"，任何人达到"圣人"的标准才能作"君子"。这一革命性的界说抛弃了旧的界定之后获得了系统的表述。当然，也可以这样争论：孔子这样说的目的是想以此挑战贵族阶层，激励他们担当自己的重任。不过他的确吸收各种出身、各个阶层的人作为他的门徒，教导他们成为"圣人"；* 同时孔子把这一目的赞誉为教育的真正准则，这都让我们对孔子的意图有了不同的解释。我们当然不能证明，孔子是从他的教育中寻求意识形态上的根据，来理解和指望社会更迭变化的。孔子的教育一直在倡导一种规范和激励社会流动的机制，他为这个开放社会的理想进行了辩护。然而，他知道自己在做什么吗？这是一个讼议纷纭的话题，尤其是在当代中国。

在思考孔子作为一个教师而取得的成就时，我们要清楚他的成就极富创新性，但在所处的时代和文明中又显得如此

* 孔子之前，君子主要是一种贵族身份，而孔子把君子的含义去身份化，代之以道德的标准。

* 其实，君子和圣人是不同的层次，孔子主要的教育目标是培养君子，圣人作为至高理想。

36

水到渠成，自然而然。其中的关键就是他的人格力量。让我们假设：教育方法终将理论化、贵族体系的崩溃迟早会成为共识，且回应这两个社会问题的可能性也很大，但能长久而有效解决这两个问题的机会却很渺茫，然而孔子竟然都做到了。如果孔子不是一个洞察敏锐的人，就不能提出对这两个问题敏锐和令人信服的解决方案。

孔子其人，即之则温，仰之弥高，他能使人们获得极大的鼓舞来崇敬他的观点，并且令其相信这些观点能够经世致用。*他的理论内涵博大，博施济众，绝不平淡肤浅。人们追随他，因为他确实最能领悟那个时代的中国文明，知道她如何才能趋于完美。中国文明是一个崇奉学识的文明（learning-oriented），所以孔子的理论价值无量。同时，孔子的教育也产生了实效。他的学生绝非那些寻营谋生的平庸之辈，而是秀出其类的贤能。尽管孔子本人从未执宰拜相，但他的学生却在朝廷中迅速平步青云。数代之后，孔子开创的学派人丁兴旺，培养了大量学生，他们凭借才能获得官职，最终控制了诸国政局。

不过，孔子曾经批评过一些聪颖过人的学生，他们用其所学谋求仕途，但却忘记了德行道义，而道义却是圣人之名中不可或缺的。

这里要说到孔子成就的另一个后果。暴君和政客们容忍孔子对规范和礼制的执著，虽然麻烦但值得信任。乱世之时，忠诚尤为珍贵。孔子的门徒所受之学首重忠与诚。另外他所教导的变革，不是通过革命，而是道德劝诫。*所以他的学生对于现存社会秩序从不是眼前的威胁，也就比其他人更安全。他们又拥有可用于社会的技能，所以当时的朝廷热衷于培蓄孔子的学生，即便这个朝廷并不符合圣人的标准。

37

*儒者总是倾向于在维护的前提之下批判。

　　孔子的思想被传承了两千五百年，八十余代，《论语》也同样被后世不断咀嚼；这让我们理解孔子这个哲学家变得更困难了。这倒并不是说孔子的思想本身如何晦涩，而是这个思想体系不是以西方哲学所要求的那种形式结构出现的。我们疑虑孔子思想的内核可能并没有所谓的结构和形式，*因为记录孔子思想的典籍并不采取这种方式呈现其含义。事实上，没有理由相信早期中国哲学在方法或目的上跟古希腊哲学平行发展。所以如果我们拿希腊哲学的标准来定义哲学，那么中国先秦确实没有。

*孔子虽然没有留下"哲学体系"，但其思想并不混乱，而是一以贯之的。

　　即便我们绕开这个狭隘的标准，要想重建孔子以及其他众多中国古代哲人的思想体系依然问题重重。孔子一直尝试着用最准确的语言来表述他的想法，他或许是中国历史上第一个自觉的、有体系的思想家（我们此处对"哲学家"的定义是简单宽松的）。在当时，哲学家们还没有对语言进行技术性的、专门、严格的使用，所以语义还没有远远脱离日常用法。*孔

*难道哲学的语言一定要技术性、非日常化吗？

子在思考政府和社会的道德问题时，竭力将此前一些特定的词"泛用"（universalize），如"君子"*（这是个贵族社会秩序中的词，如今泛指"圣人"）和"仁"（这个词大概与"人"[human]同音异义，孔子将其词义扩大为"人道的，仁爱的"[humane]）。孔子发现要清晰定义这些词很难，他尽可能通过设定具体情境和事件来表达在他的哲学视角下这些词所具有的意义。哲学术语的突现，正是我们重建孔子思想体系的困难之一。

* 其实孔子明确区分了君子和圣人。

38

孔子思想的指向是亲践的、伦理的，而非理论的、形而上的。因此他不是用抽象的、高度概括的论述，而是通过讨论具体的问题，尤其是用历史事件来论证他的观点。

第三个困难是中国人没有发展出严格的规则（如三段论之类）来判定论证的有效性（这一点曾被学习比较哲学的西方学生视为致命的缺陷）。今天学过形式逻辑的学生都把现在的逻辑模式，如逻辑术语、逻辑范畴和类别等等，套用在中国思想家的论述上。可是中国人分析逻辑模式的方法，或说他们将逻辑形式化的方法和希腊人并不一样；中国人并不看重思想的系统和结构。虽然我们能看到，中国古代的哲人们已经有意识地运用了形式判定（formal test）来检验他们论证的有效性，*他们的论证甚至也能经得起我们的推敲，但我们还不能断言在他们眼中是否真的存在这种有效性。

* 如墨家、名家、惠施、庄子等。

孔子和他的学派对高度形式化的论辩不以为然，认为那是徒劳的巧言令色而已；他们更喜欢把建设性的辩论置于一系列具体的情形之下，或援引的一些自明的道理上，抑或人人遵从的家庭取向的伦理体系的绝对权威上。*

孔子思想体系难以重建的最后一个问题是，对他的记录太简短零散。即便他讲述的哲学是连贯的，我们也无从得知。不论他自己是否写过东西，反正没有一个字留存下来。孔子的嫡传和再传弟子在他去世后将他最让人记忆深刻的语句辑成《论语》。*《论语》读起来断断续续，语境和情境都蒸发掉了。直到孟子和荀子那里，我们才能读到孔子的一些关于哲学话题的陈述。

但是，从《论语》及其嫡传和再传弟子的回忆中，我们还是可以勾勒和重建孔子的思想，即便不是一个哲学体系，也是一个自洽的思想整体。

在这个思想整体里，伦理毫无疑问具有无尚的价值。孔子认为宇宙就是一个道德秩序，人事只有和于天地的道德本性（moral nature of the world）才能功成愿遂。孔子的这个伦理体系的突出特点就是它的世俗性：他的道德原则并非来自神启的权威，而是来自圣人道出的发现以及历史的价值。当然，我们现在已经明白，孔子讲的历史实际上是提纯了的，些许是人为构造的历史，即使如此那段历史依然具有人们可以理性认识的人类经验特征。

* 每种哲学都不是完美的，孔子的也是，但取其长而已。

* 据说孔子之后，儒分为八，《论语》是由子思一派整理的，而其他流派传承的孔子之学则在历史中流失，至为遗憾。

39

在中国早期的思想中，都存在着一种天人之间的感应（cosmic retribution），但这种回应并不是机械的，换言之，不是明确到恶有恶报、善有善报的程度。恶会破坏天地的秩序，但一般而言，不是一个明确的威胁，只是在这秩序上开了一条缝隙而已。人们恪守伦理原则最重要的原因是于家庭于世道都有裨益，不过这些原则并非是死板的规定。个体的行事总是处于一种具体的情境之中，一种"悬搁的判断"之中（suspended judgement）。孔子的任何主张都不能教条化、客体化为规范（norms），法律的约束只是这些伦理基本原则的补充而已，对于这些原则，仁智之民皆可因时因地因人因事，循而行之。*

* 孟子讲的，男女授受不亲，义也；叔溺嫂援，权也。善于权变是儒家最精深高明的智慧。

孔子所接受的伦理完全来自以家庭为中心的社会，个体的首要责任就是对家庭的责任，然后渐及宗族、乡里、国家、天下，而个体的责任也依次减弱。从家庭到天下整个层级结构都由天地的道德秩序和谐地统一起来。政治对孔子来说，就是伦理向社会的延伸。孝（filial submission）是德行之首，忠君爱国（loyalty）始终都不能逾越孝，即使是在后来实质上并不宗儒的帝国里，也得接受孔子的这些原则。《论语》里的大部分言语关涉伦理，是否把人伦作为一个人本社会（human-centered）里的首务，是验证是否是儒家的试金石。譬如有人争论荀子是法家，汉代王充是道家，我们只要拿上面的试金石一触，他们的儒家身份便不言而喻了。

40

一些具有"现代思维"的人频频陶醉于这个推断：既然孔子的伦理体系的根基是世俗的，那么孔子就是一个全然没有宗教信仰的人（wholly irreligious），或扩而言之，儒家文明跟宗教是无关的。这个推断是不成立的。*孔子的确宣称过他不教授关于怪力乱神的知识，他对此类问题有个广为人知的回答："未知生，焉知死？""未能事人，焉能事鬼？"（《论语·先进》）对一个人来说，此时此地的生命是最重要的。不过，这不等于孔子认为这些问题都是无用的废话（sheer rubbish）。孔子告诫人们在祭祖和国祀时，要"祭神如神在"（《论语·八佾》）。"如"似乎有神或许不"在"之意，也或许指神未必一直逢祀必"在"，也或许是孔子在说自己并不知道神是否真的存在。但无论如何，祭祀须用敬。*

家庭本位的社会系统长久以来就形成了祖先崇拜，伴随形成的还有各种大众宗教和国家的偶像崇拜。孔子接受了这些事物，让人们自行决定他们的宗教信仰。*儒家的训诫在之后数千年间和其他宗教相安无事，直到遭遇了犹太—基督—伊斯兰的一神教传统。那些完全皈依的中国人不得不放弃儒家传统中的一些观念。但绝大部分中国人对一神教的信仰还是相当抵制。

孔子劝诫人们遵循的伦理生活与中国的古老传统天然地匹配，他没有创造什么存在于他处的天国，他所希望恢复的

* 关于儒教一词是否成立，也是目前学人争论的热点。

* 敬是关键，敬则神在，不敬则神不在。基督教也说信了才能理解，而非理解了才会相信。

* 儒家关注的是社会的安定幸福和人的知礼好义，是否信教，信何种教并不重要。

只是一个类似殷实太平的尧舜之世（Golden Age），一个人的文明时代。商周人铸造青铜器或纪念分封，或用于祭祖，上面的铭文表达了缅怀先祖、吊唁友朋的情感，这也是孔子所认同的。

人们遵守伦常不是为了升入天堂，或拯救灵魂，也不是为了善报（这种回报幽渺无常难以服人），而是人的本性使然。伦常就是一种亲身的践行，去追求一种更好的生活。即便这种践行会让人遭遇困境，思想健全者也应该坚持，因为德行本身以及德行带给人的快慰就是人生的鹄的。人要成为道德上的楷模，他的家人和宗族将牢记他（她）的声名和意愿，*他（她）将因此而不朽（immortality）。

在这一伦理系统中，个体因追求道德的进阶而受到鼓舞，他将为家庭和世道的利益而抉择行藏。带有个人中心色彩的（egocentric individualism）道教和后来的佛教，在儒家看来就是自私的典型，因为他们抛弃伦常，失去了人之为人的特质。

孔子所倡导的最重要的德行就是"仁"，这是个人修身的第一要义，也是"君子"最重要的品性。仁被译成慈（benevolence），爱（love），善（goodness），良知（human heartedness）都各得一面，就如同儒家的所有德行一样，如果不被亲自践行，所有的道德都是没有意义的。所谓仁，就是为他人的福祉着想，从人性的角度考虑他人的处境。理想的国

41

* 家族的荣耀与家族的虚荣难以分开，而个人的追求与家族的荣耀也并非没有张力。

家应施行仁政，一个关注基本社会需求的国家就无需铁腕统治。孔子是一个治国的理论家，而不是一个真正的统治者，其后的儒家胸怀治国安邦的责任感，深信仁之为政的理想，他们砥砺自己实而行之，如遭沮止，便深为自责。

　　仁之外，最重要的德行是"智"（通常译作wisdom）。儒家所说的智并非仅指知识，而是一种整体的心智（integrating mind），不但要知道是与非，还要能行所是、去所非。儒家思想强调每个人凭借自己的智识进行判断抉择，而不是因为遵行法律，*故而，明智多识是非常重要的。仁、智之外，就要数"勇"最重要了。它要求人们有责任在任何环境下都要自己判断何为正确的行为。

　　之后还有一些品德，都可以从诚信之心、羞耻之心、利他之心（trustworthiness，a sense of shame，altruism）三种品质中派生出来。中国文化中唯一一个独特的品德就是礼，或说合礼，通常译为propriety，礼也是在后世儒家中引发偏重和诠释的问题之一。

　　在个人对仁的表述和对礼所包含的社会规范的遵循之间，存在着明显的张力。*偏重其一而偏废其余，恰说明（或说暴露）了孟子和荀子之间的部分分歧，同时也延续了儒家思想内部的标志性的张力。

　　儒家政治思想要在乱世中寻找秩序，问题是：治世从哪

42

* 法律也是社会智慧的结晶，儒家对法律的低估和当时社会关系相对简单有关，在复杂的现代社会中，这是不合宜的。

* 孟子重仁，说性善；荀子重礼，说性恶。

里开始呢？

不止是儒家，而是对上古中国的整个思想界，一个典型的答案是：在乎人心。

造就尧舜之世，始于个人。人心是治变的门枢。

儒家的核心文献《中庸》，成文于公元前5世纪，是在孔子去世之后。据说所载为孔子之言，其中有一段，明言了人心与治政之间的关系：

> 好学近乎知，力行近乎仁，知耻近乎勇。知斯三者，则知所以修身；知所以修身，则知所以治人；知所以治人，则知所以治天下国家矣。[1]

43 同样在《大学》中，也有一段文字载孔子说："自天子以至庶人，壹是皆以修身为本。"[2] 儒家典籍中这个观点屡见不鲜，文明是人类最伟大的成就，是我们自己造就的，只有人心能导致更好还是更坏。

中国哲学强调人类的心理以及对心理因素的洞察，这很能明证一种观点：中国哲学就其一般而言，是心理哲学

---

[1] "The Doctrine of the Mean"（《中庸》），xx/10-11，见理雅各（James Legge）译Chinese Classics，5 vols. 香港：香港大学出版社，1960，vol.1，p.407。

[2] 同上书，vol. 1，p.359。

（philosophy of human psychology）。尤其是在儒家的事物框架里，心灵对道德影响极为敏感。因此修身就是要受先贤等道德楷模的伦理熏陶。最好的政府要依靠道德感召（moral suasion）。理想的国家不靠强迫，而是引导。为政者如风，服庶民如草，民所服者，是人，而非法。*

*庶民到底是服法，还是服德呢?

法是很不可信的，它能使人机诈，诱发恶逆。

善为政者，发挥其个人道德力量的影响，滋育人心中的善良。

国家自然需要一些普通的法律，彰明其规矩制度，但施政不可能全靠法律的严格推行，其效力远不及国君治吏的以身作则。完全仰仗法律并强力推行的君主在道德上是有缺陷的。

儒家完全采取人治而反对法治的态度，这是因为孔孟都未曾执掌政务。荀子仍然坚持这个理想，但加以修正，以适应行政现实。

儒家对法律的疑虑是可以理解的，他们把法律视为拘束行为的工具，以及施政者逃避教民化民和以身作则之义务的根据。

不过现代学者已经将之看做中国进入帝国时期以来不信任法律的政治缺陷的根源。

在中国古代，法并不是那种超越的法（transcendent Law），其政府也不是法的政府（Government of Law），在后者中，法是

44

高尚而不可侵犯的，它对所有人一视同仁，体现了非人格化的公正的准则。而中国古代的法律只是国家的工具，为了适应君主的方便可以擅改，而不付出太大的道德代价。*这就是儒家对后来法家的批评（见第七章），这些批评并非不公。中国文明似乎不大可能生发出对法的那种理解，也就是古希腊人，尤其是亚里士多德对法的观念进行过的哲学分析，法是作为一个权利和义务的体系，本身就具有道德力量。

在中国，这种方式从来没有产生过。

与其为此责备儒家，还不如更现实地说：正是由于缺少那种法律发育的前提，孔子和他的追随者们才能竭力创造伦理规范，培养强烈的社会意识，这才是保护社会和个人利益的力量。作为史家和仕人，他们的关注点就是希望能够改进制度，这正是一个好政府的利民精神的支撑。

孔子关于为政的方法有两个关键的前提。

其一是名实的一致。他称之为"正名"。名不副实是上下失序的明证，结果就是礼崩乐坏。名暗含着实，如果实丧失了，那就证明了人的缺陷。政治之方就在于此，存续名实就是存续秩序。

要正名，就要让名不副实的人意识到这种错位的羞耻，感之以德，从人心上匡正时弊。"君"者之名就包含了在德行和政治上都须匹配的实质，因为他的言行都体现了王者之实。如果他做不到却依然称之为君，那就固化了这一错位。*
如果被提醒后，他能努力践行王道，他的"臣"也就可以因
循之成为良臣。

　　所以"父"之名也必须符实，否则就不配被称为父亲，
只有名实相符，"子"才能成为孝子。这四者：君臣父子之名
如果能施用于一个没有名实变乱的社会，国家、天下就会拥
有完美的秩序。正名也就成了匡扶世道。

　　孔子不是非要偏执地按照最适合的名称来称呼人们，他
对当时的国君仍称之为君——尽管没有一个符合"君"之名
的。他的方法是将历史精妙地用于教化。文典正辞对社会趋
善去恶影响绝大，种种深意需要遣词笔法来达到。*

　　虽然现在还很难断定，孔子是否曾亲自注释古籍、编
定鲁史，但运用这些文献进行教化、纠偏名实变乱的传统明
白无疑是源自孔子的先例。这仍然是儒家传统的一个定见
（preoccupation），这种做法的结果是有问题的，那就是因为道
德目的而妨碍了鉴赏文艺的价值。不过把记录历史作为一个
研习的科目并且保存下来无疑是最为重要的。

　　在所有民族历史中，中国人对其历史经验的记载是最为
广泛详尽的，虽然现代学者希望了解的那些社会方面并没有
被记录下来。儒家主导的中国人的精神生活，非常重视历史
教训，其作用就如同其他民族中的神启。

*历史上我们
　看到很多君
　主无法承受
　这种道德压
　力而选择对
　抗或逃避。

45

*所谓的《春
　秋》笔法，
　微言大义，
　依靠史书的
　力量来威慑
　君主。

孔子思想中为政的第二个方法是先富之、再教之、最后治之。

儒家思想对待伦理的物质基础是非常现实的，饥饿之民不可能知礼守节，所以国家首先要提供基本的民生，不能榨取和挥霍。此后，政府方可用道德典范和教育对庶民进行塑造。而只有教化实施了，才能顾及政治本身的目的，而且这也要在有限的幅度之内，不能成为人民的负担。*

尽管儒家有这样的立场，但他们的确信任政府。

他们认为没有什么行为比出仕更有价值了，他们是入世主义的，始终摩拳擦掌，想要对现实有所作为。

公元前4世纪的道家哲人庄子取笑他们不停地劳碌，恭谨地恪礼，迂腐地正名，不懈地谈仁宣义（altruistic principles）。

毫无疑问以庸儒形状来漫画孔子很容易变成谬论。大多数中国人以及两千年来的统治者们都在依据自己对儒家文本的理解，努力实践着孔子的原则，他们都牢记着这位圣人伟大的实践道德（practical common sense），并从他对人性敏锐的观察中获益良多。孔子对中国文明持久的贡献就是：将各种现实的要素融会到对生命之高贵的不懈鼓舞中。这一点是如此的持久，无疑是一个伟大的成就；而同时孔子自己仍然毫不含糊地保持着合情合理的人性，抵抗着后世对他进行的居心叵测的神化。

*人民富了也知礼了，剩下的目的就是平天下了，儒家会有国际政治的理论吗？会比今天的大国做得更好吗？

46

每个中国人，不论是有文化的，还是目不识丁的，只要他们成长时曾学习过《论语》，平日里援引过《论语》，总会感觉到孔子和他们生活在一起，在背后守望着他们。

若果真如此，中国人就是和一个仁厚、年长的魂灵共同生息，一个人们可以和他促膝款语、一同诙谐的魂灵——而不是一个令人战栗的魔鬼。*

在历史上，能像这样既凡而圣，真乃人类最稀罕之成就。

孟　子

Mencius是孟轲（公元前372—前289）的拉丁文形式，他生在鲁国左近的一个小国邹国，邹国在文化上也深受鲁国的熏陶。孟子可说是儒家思想谱系中仅次于孔子的人，被称为"亚圣"。

在孔孟之间，儒者中无人能执言鼎，孔子门徒各据师教之一端，常常沉溺于细枝末节，只能管窥，不见全豹。这些门派沿着各自师承谱系并行发展。周代末期的记载中可区分出三四个儒家派别。有的派别强调孔学中的孝道和德行伦常；有的派别研习仪礼，将仪礼作为正式的宗教活动遵行，比之孔子更为严格、更为整饬；有的派别则专注于政治；有的派别以其思辨和形而上的特点而为世人所知。孔门各派各有所秉，对于孔子思想的发展亦有裨益，也显示了儒家的生存活力

* 在某些精英眼中，孔子有更丰富活泼的面目，但于百姓而言，孔子仍被塑造成严苛的权威，半人半神，他那些被教条化的纲常伦理也让人倍感压力。

47

和对迅速发育的中国文明的适应力。

孟子生逢此时，他本人就是当时一个新儒者的典型。儒学本是以传授为特征的学派，但有教无类，并没有成型的教育方法，直到孟子，才真正使"师"成为一个职业，"进学"才成为立业的前提。由于儒家之学就是指读书而研习之，世人开始热衷于传抄书籍、辑释辩难。虽然哲学讨论仍然是口头的，但"作"者的观念已然出现。儒家之外的其他思想派别先后展露，不论是在庙堂还是在闾肆，都能听到哲人的辩论，若在庙堂之上，就能耸动一国之政，若在闾肆之中，亦能博人解颐。

这是中国哲学黄金时代的巅峰，此时社会形式催生了百家争鸣和自出机杼，当然这"机杼"（originality）有一个限度，那就是中国古代文化的一元性（monism）。古地中海文化是极其多元的，因为各文化之间交流频繁，思想也能迅速传播。而古代中国则相反，他们对其他发达文明几乎一无所知，直到五百多年后通过西来的佛教才对印度有了一些含糊、虚渺、失真的认识。而直接遭遇则是在19世纪，西方人从那以后给中国人的心灵留下了极其深刻的印记。

虽然先秦时代的中国是一个单一文化的独立世界，但在进入帝国社会前的几个世纪，还是产生了后世罕见的多样性。诸侯列国堂而皇之地竞揽贤能、竞利其政，前代一成不

变的世袭社会土崩瓦解，而社会阶层的流动则日益汹涌。列
国中，除了一两个国家曾拥有短暂的正统地位之外，其余都
无主从上下之分。诸子百家之间的论辩也就无所忌惮、天马
行空了。

　　孔子曾经将教师、学者、专家三种不同角色集于一身，
这种身份越来越被世人所推崇，孟子将这一角色发挥到了极
致。随着儒生和儒家思想在诸侯之廷登堂入室，人们对儒家
及其思想的兴趣与日俱增，也激发了人们对儒家思想的回
应。在这个时代，礼崩乐坏、上下失序，滋生了大量严重的
问题，很多人试图解决，但对绝大部分人的创造力、伦理意
识、学识和其他能力而言都是挑战，于是，伟大的思想便应
运而生了。

　　孟子和孔子一样都被同时代的人认为是最博学的人。
同代的儒者通常也承认他是他们的代言者，自孔子之后，孟
子让儒家学派重新团结和凝聚起来。但世易时移，儒家学派
的成长已经让孟子的角色大大不同于孔子了。孟子在列国间
巡行游说，他踌躇满志，以儒家复兴的成功代言人自任。而
且，他也做到了。屡有人说孟子太自以为是，虚辞浮夸。但
他的气魄确实可以和君王相匹。

　　孟子张扬的天性、激越的性格、豁达的精神有重要的意
义。在儒林的历史中，孟子的形象是最易勾画的，但这种简

48

略的勾画也不能完全抹杀他的人格力量和价值。他的著作《孟子》比《论语》部头更大。这或许是因为他本人亲自撰写的缘故，抑或他是想以此永远记录下自己的思想。《孟子》在行文上比《论语》更统一，它不仅仅是一些文章的集合，还有一些假想出来的对话记录，可以作为正式的哲学论著阅读。

孟子对儒学的两个领域贡献最大。他在这两个领域中都接续了孔子的问题，将孔子未能完成的思考变成了后世儒家讨论的基础。在每个领域中，他的处理都超出了孔子的思想范围，但看上去似乎又是孔子思想顺理成章的延伸。

孟子的第一个贡献是人性论，第二个是政治理论。这都涉及了心理学取向上的关注，尽管在政治理论方面，表现得不是特别明显。

孔子对人性问题没有给出直截了当的答案，这可能是因为当时这个问题还没有产生。不过孔子在涉及伦理问题时特别强调人性的心理层面，因此，人性本善还是人性本恶的问题最终是回避不了的。孔子不厌其烦地谈仁，明辨义利，他说仁人应趋义避利（汉语中的"义"并没有英语中 righteousness 一词包含的"以正义自居"的意思）。不过孔子从没有在理论上阐明，人性中是什么促使人有如此强烈的利他之心。对此，众说纷起，有说人本善的，有说人本恶的，有说人不善不恶的，有说人善恶相混的，还有说有人纯善而有人纯恶的，等等。孟子舌辩百家，坚称人皆性本善。下一代的儒家中荀子则截然相反。但他们殊途而同归，都是儒家。最终儒家在此问题上采取了一个折中的办法，虽然荀子的观点对实干者来说更现实，但孟子的解决方案最终在历史中更重要也更有影响。

孟子说，人之为初，其性本善，但是由于环境的影响，会染上恶习，会玷污心灵。除非他竭尽全力来葆存和滋养他与生俱来的善端。人皆有禽兽之性（animal nature，当然是中国自己的版本），它无所谓好坏，但却能导致对自己、对他人的恶行。人皆有仁、义、礼、智（区分善恶的能力）的善端，都是与生俱来的，每个人都应该让善端苗生，并付诸行动。仁义礼智这四端虽然可以被腐蚀模糊，但却不会彻底泯灭。孟子举过一个证据（只是个例子，而非理论意义上的），说明人性有一种强制性的倾向。他说即便是一个恶棍，看见一个孩子在井沿儿上蹒跚学步，随时有堕井溺水之虞，也会本能地心生怜悯，不假盘算地、毫不迟疑地保护那个孩子。为了不让读者误以为孟子是个思维简单的人，我要提醒的是孟子对人兽之别、利欲之蔽、善性迁衍等问题，都做了极其精细的阐述。他对人类生活的复杂有着敏锐的感受，并且保持着乐观。

人生而有四端，应滋养呵护，使之达到极致。至其极就

50

* 禽兽之性指一些最基本之本能，无所谓善恶，如狼之嗜血，牛之嗜草，不能说牛善而狼恶，但对于人而言，仁义等善端也是人的本能。

已和成圣相类了。凡人之性皆有成圣的可能。人性之初的境况已经蕴涵了人们本性上的平等，以及对人类和社会的乐观主义。这种乐观主义作用于儒家的教育理论，二者都进一步促进了平等精神、提升了这种平等主义的社会意义。改善社会就是要返求诸人们内心的宝藏。孟子的这种人人皆可成圣的观点强化了人的基本尊严，延续了儒家对人道的重视。

　　孟子的政治理论则走得更远。在孔子和儒家看来，国家的存在是应然的，它是人际本然关系顺理成章的发展结果。这种观点有一种伦理含义：人们在相处中应该从人性里发展出最好的东西。这种人际关系就可以引申出国家的诞生。但是什么样的国家呢？没有明确的说明。但选择也不会很多。无外乎中国人视野中存在过的家天下的君主制国家，在中国人的脑海中，统治天下的一定是某种形式的中央集权的君主政体。只是在这种国家形态的定义内，才有各种变体。

　　孟子生活的时代比孔子之时更为变乱，战国时代行将结束。在孟子眼中，存在着两种朝廷。一种只存在于理想化的上古记忆中，谓之"王道"之国。另一种则是虚张"王道"之名而行武暴之实的"霸道"之国。当时社会的军事变革导致霸道横行，兵戈不息。孟子深知涂炭变乱中的庶民疾苦，所以他一直诛伐声讨那些逞肆武力的罪孽。他援据"正名"的观点，宣称如果一个君主不能行王道，那就不再是君，人

民就有权反对他，背叛他，甚至必要时也可以叛而诛之，"闻诛一夫纣矣，未闻弑君也。"（《孟子·梁惠王下》）

孟子的这一立场，使之像一个政治激进的人。实际上，他的立场在哲学上激进，而在政治上保守，甚至比孔子还保守。在哲学上，孟子提出一个原则，这个原则虽然不能说是明显的人类中心主义，但至少也是十分激进的人道主义了：孟子从人们有反叛的权利，逻辑地引申出人民是国家中最重要的，君主是次要的，所谓"民贵君轻"。他更进一步说，君主之天命（Mandate of Heaven），就是要满足民心。所谓"天视自我民视，天听自我民听"（《孟子·万章上》），孟子不仅把民当作判断为政的最终标准，还把人当作体验天的标准。孟子的"天"指"自然"，或者说是伦理化的宇宙秩序。这不是断言只能通过人类经验看待宇宙，而是说人类社会的治乱恰是自然运行是否有序的测度。这是一种彻底的人道主义。

而在另一方面，用政治学的术语讲："孟子相信最高的主权在乎民。"[1] 然而他没有提出改变制度，去建立一个超越"民享"（for the people），达到"民治"（by the people）的政府。* "天爵"（Heaven's agent）只不过是指一个新的立国者，顺应天时恢复为民谋求福祉的仁治政府。

52

*让孟子设想一个古希腊式的民主政府，似乎太强求了。

[1]　萧公权：《中国政治思想史》英文版，普林斯顿大学出版社，1979，p.158。

孟子留下了一系列政治建议，看上去一些建议相互扞格，似乎是未决的矛盾。例如：

1. A "人皆可以为尧舜"。[1]

   a 世族应该重新获得官俸。

2. A 孟子强调古代垂范，尽管并非仅仅局限于周朝。[2]

   a 孟子又预言说将有新的贤君可以发现新的规范。[3]

3. A 孟子勇气十足地对君主面陈民贵君轻之论。[4]

   a 孟子又认为贵族的特权和世袭权利是正当的[5]，尽管他对君主说如果不能满足人们的需求，王室就应该被扫地出门。

---

[1] 语出《孟子·离娄下》，还有"人无有不善，水无有不下。"（《孟子·告子上》）——译注

[2] 此类论述在《孟子》中屡见不鲜，如"圣人，百世之师也。"（《孟子·尽心下》）"苟行于王政，四海之内皆举首而望之，欲以为君。"（《孟子·滕文公下》）——译注

[3] "彼一时，此一时也。五百年必有王者兴，其间必有名世者。"（《孟子·公孙丑下》）——译注

[4] 此类论述在《孟子》中亦多见，如"民为贵，社稷次之，君为轻。"（《孟子·尽心下》）——译注

[5] "贤者之为人臣也，其君不贤，则顾可放与？孟子曰：'有伊尹之志，则可。无伊尹之志，则篡也。'"（《孟子·尽心上》）"君子居是国也，其君用之，则安富尊荣。"（《孟子·尽心上》）"礼：朝廷不历位而相与言，不逾阶而相揖也。"（《孟子·离娄下》）"居尧之宫，逼尧之子，是篡也，非天与也。"（《孟子·万章上》）"王子宫室、车马、衣服，多与人同。而王子若彼者，其居使之然也。"（《孟子·尽心上》）——译注

4.A 孟子认为学者们应该忠于君主。[1]

a 他又赞成反叛，甚至是弒君。[2]

这些陈述看似自相矛盾，实际上它们都是孟子关于社会和政府的整个观点的零星部分，这些观点有着内在的一致性，都衍生于孟子的基本概念：仁是为政之道；育民是为政之务；体仁是为政之方。就像我们在第四组的两条陈述中看到的，这种表面的矛盾实际上用"正名"原则就可以轻易地说通。*

对于孔子来说，为政的典范就是周制，而孟子则在被他神秘化了的广阔历史中寻找他的理想政府，他的理想已经超越了周制的限围。孔子应该会对此不以为然，但要谨记的是，孔子和孟子两人对朝廷之中的实务都涉足甚浅。*而和孟子前后相继的荀子则长期供职于政府，谙熟政府的日常政务。他的理想政府就是具体、理性地理解传统（Great Tradition）的制度形式，尤其是礼或礼制。这些政府的形式并不是因为可以上溯到某个历史时期而被采用，而是根据它们的实际效果。荀子比孟子更能接受早已名存实亡的周制的终结，取而代之的是运转更好的制度。孔子、孟子和荀子反映了三种不

* 是忠君，还是弒君，取决于君主是否有仁心，爱育民，行仁政。

* 孔子在鲁国的参政经验或许并没有作者想得那么浅，夹谷之会应说是孔子一次卓越的外交成就。

53

---

[1] "人莫大焉亡亲戚君臣上下。"（《孟子·尽心上》）"仁之于父子，义之于君臣……命也。"（《孟子·尽心下》）——译注

[2] "闻诛一夫纣矣，未闻弒君也。"（《孟子·梁惠王下》）——译注

同的人格和气质，同时也映射出那个时代广泛的分歧、加剧的动荡、政治的崩溃。但与此同时，我们也要设想，中国文化仍然在持续发展和成熟，这促使中国政治思想家去满足更高的政治期待。

孟子对儒家思想中的哲学神秘主义发展也起了重要的作用。神秘主义蕴含的是理想的一元主义。这种哲学神秘主义认为，现实是心智（mind）和探索真知愿望（gnostic desirability）的延伸，从而能够认识到知者与所知者其实本是一体的。孟子也关注社会福祉、注重生命的实践和伦理旨趣，这和他的哲学神秘主义并不矛盾（我们西方预想的哲学跟宗教恰是对峙的）。孟子奠定了儒家思想在神秘主义路向上的基础，* 不过，在孟子及其以后的几个世纪，道家倒是在这个方面更活跃。

孟子说："尽其心者，知其性也。知其性，则知天矣"（《孟子·尽心上》），他所说的天指的是自然或宇宙秩序。他所说的气大概是精神性的，且充盈于天人内外，人人皆能于其身内滋养此气。"我善养吾浩然之气"（《孟子·公孙丑上》），"气充之，则万物皆备于我"（《孟子·尽心上》）。孟子承认，这并不易懂，他也没有仔细阐明，但关于气的思想却是他的哲学的核心。孟子的浩然之气显示了儒家精神世界的磅礴宏大；显示了在不失去其特质的前提下，儒家所能应对的问题的广度。

* 指孟子的养气论，以及对五行思想的吸收。后世常把儒家作为纯粹的礼制专家或道德学家，而忽视了先秦儒家对身体与精神二者合而为一的观念。由于受气一元论的影响，所以人和宇宙在本质上是互通的，开启了吾心即宇宙的进路。

不过很快，荀子的出现使儒家思想分化成两个极端。荀子在很多问题上跟孟子观点相左，他在秦之后的一千年里对儒家的影响远超过孟子。但是我们要忘记这一点，因为新儒家大张旗鼓地复宗孟子（即使是名义上的），所以孟子的思想重新支配了唐宋以来的儒家观念，今天的中国和我们都是通过这些观念的滤镜看待中国的历史。

54

荀　子

荀卿，又名荀况。他的名字从没有被拉丁化为Hsüncius，所以在西方对中国的知识中，荀子并不重要。他生活在公元前298年到公元前238年间，是中国进入帝国之前儒家的最后一位大哲。他对儒家思想一开始就有巨大的影响，他严密有序的思考方式在历史上也屡被效仿。和孔孟一样，荀子也是北方人，也是当时公认的首屈一指的鸿儒；但不同的是他担任了地方官吏[1]，并且将年富力强的岁月几乎都贡献给了中原的地方政府。荀子于是成了第一个描绘出帝国架构的儒家学者，他毕生的精力都奉献给了官府的政务。

---

[1]　其实荀子并不比孔子担任的职位更重要，明确记载的就是曾经在齐国担任稷下学官的祭酒，以及在楚国作兰陵令。但荀子相比于孔孟更强调强国之具体方法，而非迂阔地认为只凭仁义或王道就可以远人来服。——译注

荀子也是第一个把著作当作哲学论辩，供人阅读的儒者。因此我们会发现，荀子的著作与孔孟的文字相比，对问题的陈述更完整，对论题的推演更充分。他或许是个更名副其实或者说更让人信服的哲人，他思维之严密在古代中国是无出其右的。他严密强大的智慧和精确犀利的表述即便呈现于今人面前，也仍然清澈有力。

但不幸的是，荀子教了两个年少聪敏的学生，他们出了师门便开始反攻儒家，鼓吹法家，他们的理论也成了儒家在为政之学方面的劲敌。这两个人就是哲学家韩非子和代言者李斯。他们对峻秦伐剪诸侯、创建帝国的成功有着不可估量的贡献。但由于秦的成就永远是被公论诛伐的（私下里或许被艳美？），而师生的关系使荀子受了池鱼之殃。

所以恨屋及乌，荀子有时也被视为儒家的叛逆、法家的肇端。

实际上，二者皆非。荀子完全坚持一个伦理化的宇宙观念，赞同一种为民谋利的政府。但在儒家学派的思想中，他跟孟子分处两极。

他那些推理严密的观点暗合法家的精神。至少他主张需要一个强大且中央集权的政府，君主的地位被抬升到时人无法想象的地步。但和法家不同的是，他不认为人民和国家应该把权力完全赋予国君。在这一点上，他赞同孟子，虽然他们论证的方式不同。荀子认为国君之职就是为了人民的福祉，是庄严的公仆（a majestic public servant），如果他践踏天职，就该被废黜。*

* 已极权在握者，谁能废黜他呢？

将荀子和孟子对当时基本问题的态度加以比较，会给人很多启发。

1. 对于政府的性质、品质，荀子冀望于威权主义；孟子设想的则是民享、民授（liberal and permissive）。

2. 对于伦理，荀子主张高度的规范化，在社会惯例的基础上，通过教育的熏陶、国家的政令灌输伦理纲常。孟子则坚称善端的主体性，个体拥有抒发善性的自由。

3. 在对待文明的态度上，荀子认为文明是人性对自身的克服；而孟子则把文明看做是人性自由的不断展现。

4. 在人类问题上，荀子认为人类和自然不同，赞颂人创制造作的能力；孟子暗示了人类和自然本是一体。

虽然在这一系列问题上，二人泾渭分明，但其中却贯穿着儒家的共性。他们都认同：1. 政府治国的社会形态，2. 接受最高伦理价值的正义，3. 崇尚文明，4. 颂扬人类为造化中的精华。*

* 与道家、隐士的小国寡民主义、无政府主义相比，孟荀的共性更明显。

法家决不会同意其中的第二点，也不会赞同按照这些伦理道德去处理人际关系。

道家对上述四点基本无一首肯。

有人说，孟荀展开了儒家的左右两翼。这个观点很有些可取之处，但细审之下就露出破绽。

孟子作为儒家的左派，强调个人自由优先于社会控制；*可是荀子在批判陈腐的伦理道德时却更为恣肆无忌。孟子的主观唯心主义（subjective idealism）在伦理和文化层面更易滋生超道德的价值：这种价值将否定理性、通往集权。在眼下，这已经成了左派面临的一个陷阱，他们难以逃脱。现代新儒家的弊端之一就是徒劳无效的道德热忱，他们将孟子擢升于荀子之上，并视孟子为孔门弟子中的首座。耐人寻味的是，新儒家成了中国思想正统的时代恰恰是中国最专制的时代。*不过，公平地说，我们不能将专制归咎于孟子，就像不能将法家的严峻归咎于荀子、将希特勒归咎于柏拉图一样。

荀子和孟子的理论中，人性论是被比照最多的。

荀子认为，人性基本上是怠惰、淫欲、贪婪、兽性的，我们不能放任，而是要克制、修饰，用社会造就的文化来剔除人性中的恶。但这种克制和修饰不是为了奴役人的灵魂，而是为了社会的公益。西方人出于神学上的偏好，在荀子著作中读出了原罪观念，并且找到了人性取决于神创的例证。孟荀之间的分歧在中国传统中从来没有平分秋色过。尽管二者在人性问题上的看法截然相反，荀子在谈及他与孟子的差异之时对孟子也语出轻蔑，但在儒家思想史上，远比这重要的是，他们二人都对人类可以臻于完美（缮其性）没有异议。

*个人自由主要指人民有批评君主和政府的权利。后世也的确有一些大臣和士人代表人民行使了这种谏议功能。所谓孟学会通往集权是指孟子对"圣王"的崇拜和预言，在现实政治中圣王少而暴君众。

*新儒家盛时是两宋时期，其君主专制其实是中国历史上最弱的。

荀子对人类既不鄙视也不悲观。在他看来，人类的文化正是天下最高贵的，是人类遏制天性的明证。*他认为人生而有灵明（incipient wisdom），即便茹毛饮血的野人见到美善之物也会识得。这种最初的灵明引导人中的圣贤创造礼制风俗开化万民，并让少数人接受、存续这些礼制风俗。

孟子和荀子在缮性这一点上是根本一致的，故而，他们都强调个人修养和经史之学的重要性。

荀子的哲学可以称之为文化哲学。他相信，文化上的追求和提升应是一个人的基本天职。而文化的核心是礼，礼就是格秩行为的规范。在荀子看来，礼的内涵十分宽广，包括庆典、仪式、乡俗、朝制，乃至情绪举止的分寸，等等。

在社会生活层面，礼的作用在于制奢欲。而在庆典和仪式中，礼可以雅训、净化参众的情感和意念，齐秩他们参与、完成。

荀子说，人之为人，非因二足而立、能于言语，或者其他天生的特点，而是因为人依靠自身之能特出于万物之上，人可以结群集社。*荀子最看重的是人的对信息进行提炼和分类的能力，他花了大量笔墨厘清概念的意义，确定概念的分类和关系。荀子的思维已经是系统化的了。荀子认为，正是我们遵守人类社会中那些天然的、规范的秩序，这个唯一可行的社会才能存在。顺乎君臣之责，则国存；循乎男女之

* 人性本恶的人类却能创造高贵的文化，是因为圣人的教化，所以荀子的性恶论并不是悲观主义，他对圣人的存在是乐观的。57

* 同为人性恶，荀子是依靠圣人的教化，使人类产生了社会组织，而霍布斯是通过人们相互缔约而形成社会。

别、父子之序，则家存，天下存。礼就是这些差别和秩序的制度化，是对其精神价值的超越式（transcendent）的表达。人的智慧引导我们去遵循礼。

荀子的社会和政治思想的要义就是遵循规范，人应该有这种智识，并且明白遵礼的价值。

荀子的思想广博瀚漫，就像后世的大儒一样。他精于鉴赏文学，深通音律，并且在文学和音乐上都有原创性的观点。荀子还娴于论辩，在第五章我会讲到他同道家、墨家的论战。

最后要提及的是，荀子竭力推进那个时代的"去魅"

58

（take the mystery out of soceity's relations with the natural world）。他秉持坚决的理性主义立场，声言："天行有常，不为尧存，不为桀亡。"（《荀子·天论》）孟子曾强调说天的意志是社会生活中的一个要素。荀子细致中肯地阐发了天人之别，劝诫人们不要把自然现象（即便是非同寻常的异象和天灾）说成是对人事的信号，或者显示给君主、国家的天意。* 不过，荀子没有说服人们。即使是一些儒者，也认为天兆是约束君主独裁的有用工具。后来，虽然这一理性的取向代不乏人，屡有闪烁，但难居主流。

回顾孔子、孟子、荀子这三位先秦儒家的大宗师，我们可以清楚地看到儒家学派所能包容的思想广度和人格类型。

* 试想儒者约束君主的法宝除了天象、灾异显示的"天意""天道"还有什么呢？

展望日后，我们亦可预言儒家学派不竭的活力和张力，儒家思想的世界仍不断扩大。

　　在儒学生长不息的过程中，它将持续导引中国文明发展的准则，永葆三位宗师赋予的特质。　　59

曲阜孔庙大成殿

随着孔子在中国文化中的地位日益上升，
曲阜孔庙的规格也上升到与帝王宫殿相比肩

安徽黟县西递村胡文光牌坊

为嘉靖帝表彰贤臣胡文光敕造，建于1578，气势雄伟。

牌坊是儒家文明中对一个家族和一个个体极为崇高的荣誉

著名的东林书院

儒家文化既维护君主专制，但又对君主专制进行某种程度的批判，
保持着一种张力，尽管这种张力时强时弱

第四章　先秦道家

高蹈的支流

道家为何迥异于先秦其他显学，鄙薄人事，奢言天道？

孔子之学是问得于老子，还是儒道共有所本呢？

道家要顺其自然，而道教要超越自然，道教如何衍生于道家？

庄子戏谑儒家的仁义礼智、名分差别，他是反对任何道德和知识，还是暗示一种超越俗知的真知？

纵观中国历史，儒家是最符实、最孚公论、最为官方化的思想正统（orthodox）。儒家是整个中国文明发展的主道，是中国人精神生活的主流，是中国社会和政治存在方式的通例。

不过，在历史上，儒家从来没有在中国人的精神和文化生活中实现真正的"大一统"。儒家的理性主义、对形而上问题的搁置、恻隐之心、清醒的实用取向，都有攻讦的对手，这些对手构成了裨补中国文明的少数派（minor mode）。恰恰是这一少数派维系了中国人通于其他民族的那种天马行空的想象力和恣肆不羁的心灵，道家即是其一。

这些主流之外的别脉让中国人的精神生活摇曳多姿，激发了幽渺婉蓄、光怪陆离的诗歌，新奇颖异、旨于表现的绘画，微妙内省、通顿觉悟的哲学。先秦时代，这一别脉最醒目的代表就是道家。公元三四世纪之后，尽管"主流—别脉"的模式仍在延续，但道家已不再那么卓然可辨。*

赞叹支流别脉，并不等于说主流正脉的儒家就呆板迟钝。相反，儒家思想中充盈着一种活力：乐生，幽默，谐知

* 魏晋之后，道家与佛教一并成为文人的闲情雅兴，定型为边缘文化，其精髓已被吸收到儒学各派之中。

诗乐，正是儒家的这种风尚，同样也持续激励着艺术和诗歌。但是，儒家确实很少思考不真实、不现实的事物（unreal, impractical），也不热衷幽渺玄远、悖反常识的问题。先秦儒家几乎从没讨论过终极实在（ultimate reality）的哲学问题。物质的世界是给定的、毋庸置疑的，整个儒学历史所要处理的真正问题就是这个现存的真实世界的社会伦理。所以有人对儒者所认同的东西兴味索然就不足为怪了。

与儒家的主流－别脉模式

道家展现了中国人心灵的另一面。

在中国历史上，道家对很多中国人来说展示了一个充满玄思妙想的神国仙境。

道家不遗余力地讥刺儒家的伦理道德和其他一切人为的造作。道家嘲讽礼仪和正名，申谴俗例，它呼吁一种自我中心的个人主义，而与之对照的是，儒家则强调个体要在社会中尽其才能。

道家思想被很多人自然地接受了，但它对小部分群体是一种威胁和侵蚀，这其中，精审的儒者和浅稚的守旧者都成了最坚定的反对派。*

我们面对这些相互竞争的思想体系时，要再次提防和

* 精审的儒者反对道家是因为道家贬低社会制度和文化，守旧者反对道家则是因为自身的狭隘和蒙昧。

我们自己的历史进行简单的类比。中国历史并不衍生于某个
"嫉妒的上帝"（jealous god）[1]的可疑恩赐，由神恩缔造的历史
只会在哲学和宗教上催生一个排他的真理。

儒家和道家就其大者而论，是互为补充而非互相排斥。
儒家的社会心理取向是乐观的理性主义，道家的个人心理取
向是悲观的神秘主义，*二者在理论和实践的层面形同楚越，
但又相互关联，恰如币之向背、轴之两辖。儒道之共生，恰
如中国文明的表与里，其和谐远比对峙重要。我们在理解儒
道互补，以及后来儒释道互补的关系时，切忌裹挟我们西方
文化的狭隘性，将它们看成是相互竞争的思想或彼此敌视的
宗教，这只不过是以人适己而已。

道的含义相当宽泛，所以道家的形象也因此有些扑朔；
"道家"所指涉者，从哲学著作到宗教膜拜，涵盖宽广。

实际上，"道家"一词是两个大相径庭、相互抵牾的层面
的糅合[2]。道家没有公认的权威自上而下地凝聚其松散的形
式。尽管道家哲学和道教都尊崇老子以及一些真实或被神化
的人，共用一些术语和经典，但两者之间的差异之大，不逊

*道家是对陷
入名利洪流
中的人悲
观，但对摆
脱名利嗜欲
的人则非常
乐观。

61

[1] 《旧约·出埃及记》34：14中有"不可敬拜别神，因为主是嫉妒的神，名为嫉
妒"。——译注
[2] 即道家哲学和道教两个层面，在汉语中我们常用道家指前者，道教指后者，
但在英文中都用taoist，所以译者有时也难免要用"道家"一词统摄两个层
面。——译注

于它们与儒家的别异。

尽管道家哲学和道教之间存在着巨大的张力，但在世道承平之时，二者大抵相安于各自的生活和观点。道家哲学的最高理想是"顺其自然"，而道士（哲人中的水货〔a gross caricature〕）的宏愿则是战胜自然、炼丹成仙。但二者之间的界限并非泾渭分明。

当最有见地的儒者们都批评道家时，他们实际上是在攻击道家中的术士，这一群体对儒家哲学和道家哲学都不以为然。这是被通俗化（或庸俗化）的道家，在上层社会眼中，他们虽然能以道术、占卜和其他机巧讨人愉悦，但难逃名不副实的腹诽。

道家对各个层次的人都具有巨大的吸引力，浪漫的、轻信的、沮丧的、犹豫的，尤其是潜稚空想者最易受熏染，对这些人而言儒家思想是无法令其满足的。同时道教也是中国人日常宗教生活中最重要的部分。不过后来佛教分享了道教的空间，改变了道教的历史。

道家哲学在思想上与儒家有着根本的不同，先秦时道家和儒家的中坚对此了然于心，所以他们竭力澄清差别以彰显 62 彼此所信守的真知。

不过，由外观之，儒道都有令人折服的中国特质，二者都重直觉而轻公设，重启发而轻详言，重譬喻而轻推理。

道家不像儒家那样推崇人世的价值，但对人生问题也贡献良多，二者都分担着对世道的关心。另外道家还重视对自然的观察，他们比先秦儒家更热衷于对自然进行宇宙论的反思。儒道两家都认为互依互补的阴阳（半宇宙论的力量）是一种和谐有机的互动，并以此解释世界上的种种变化。但道家不同于儒家的是，它更关注自然，并把自然理想化。

道家思想的要旨就是"反者道之动"，对天地间任何观察到的现象，道家都以此解释，这和儒家热衷于析取人类心理的原则不同。

有必要将两个学派的分歧所在廓清，儒家认为人应该与自然和他人和谐相处，而且，人就是儒家价值的标尺，故而，我们可以称儒家为"人本主义"（humanism），其含义正如目前我们所使用的一样。而道家认为人的理想生活是与自然的和谐，必要时甚至可以离群索居。道家价值的试金石是自然，而非人。故而，我们可以称道家为"自然主义"（naturalism），且是一种极端的自然主义。但称道家为自然主义会让我们感到有些混乱：在西方，人本主义激发了人们对自然的浪漫主义和理想主义的观念，自然和人本是以这种方式联系在一起的。而在中国，人本主义和自然主义（在把自然理想化这一含义上）却成了哲学上的两极。

思想史上，观念总是在回应问题中得以明确。在西方，

*在西方，文艺复兴的人本主义兴起后，引发了对自然的兴趣，是从人的眼光看自然，而非中世纪从宗教的角度贬低、遮蔽自然的丰富和美丽。

人本主义源于对宗教权威的回应，非宗教的自然因为这种历史和文化原因同人本主义形成结盟。在中国，道家对自然的理想化是因为对人类无力保证社会的安定和秩序的悲观失望（当然这不是全部原因），道家将自然看做是对人世的拒斥。

中西方的自然主义各有来由，其与人本主义之间的关联方式，自无高下理乖之分。

道家视世中人为蒙蔽失真之物。道家诛伐君政朝廷，忧虑进步和文明，警诫能工机巧，视所有标准、差等、名分为导致完满无缺之自然崩蚀退化的原因。

道家和儒家一样生于乱世，其指圭在于养生（preservation of life），行于人世既然如履薄冰，何不退隐山林。对人世的否定，是道家哲学的出发点，而不是其哲学的全部，由此发轫的道家思想最终成了一个精微复杂的体系。

老子是谁

公元前1世纪与2世纪之交的大历史学家司马迁在撰《史记·老庄申韩列传》时遇到了麻烦，老子作为道家的创立者，一直争讼纷纭。他对于中国人的历史意识是如此的重要，绝不能被忽略。司马迁根据他所能见到的历史文献，经过他和他的父亲两个人几十年对史料的甄别和编次，仍然无

*道家排斥的人是被君主专制异化的人；文艺复兴排斥的人也是被教会异化的。

63

法判断老子之学到底渊源所自，但他阅读了几个世纪以来的大量文献后，认为老子就是《道德经》的作者。这就是那个孔子曾经拜谒过，并恭以问礼的周朝史官老子吗？还是之后两三个世纪里所流传的那个半历史半虚构的人物？司马迁治史审慎，尚不能黜其纷纭，故罗列了几种可能由后人自行裁夺，于是老子之谜一直延亘至今。

20世纪初，中国和西方的学者皆兴疑古（以为这样更"科学"），致使他们对中国的上古传统疑废太甚，这些学者所持之论大多失之草率肤浅。近来的考古发现频频证实了上古的历史，使甚嚣尘上的怀疑主义和废尊黜圣的运动开始得到矫正。

64 　　不过，对于《道德经》的作者、现在通行本的成书时间，仍无定论；有一点确凿无疑的是，孔子确实拜见过一个长于自己的周王室史官李耳，李耳有可能也称老子，这是对年长贤人的尊称。《道德经》（至少其核心思想）很有可能在那个时期就已经出现，不论其作者是史官李耳还是当时另有其人。[1] 虽然我们得承认先秦道家的历史仍然多有阙疑，但《道德经》的基本哲学观念出现于孔子时期应是值得采信的。

　　我们有这样的结论并非是因为我们跟中国人一样热衷于

---

[1] 参见陈荣捷（W. T. Chan）关于《道德经》成书年代的论述。《老子之道》（The Way of Lao Tzu）。

老子的那些神异之事。据说老子的母亲妊娠几十年才生下他，他一出娘胎就是须发皆白、手拄藤杖。据说他的名字老子，意即"老迈的孩子"。另有故事说，老子供职王室史官多年之后，骑青牛出关西而去，以至"中亚"，在出关之前，他应城守之请，撰五千言的《道德经》留下，然后一去不返。后世的道家常煞有介事地宣称他们的思想超然于佛教之上，因为佛的学说全来自于出关西去的老子的传授，而且佛教学艺未精，是打了折扣的。

这些故事逸闻揭示了中国文化的一些偏好，以及道家在大众文化中的角色。我们不能指望这些故事精确描述了道家创立者的真实历史面目。

我们很有理由猜测，道家没有单个的开宗立派的人。而儒家作为一个学派，吸取了中国文明传统（Great Tradition）的基本要素，并且由于创立者的卓越之功，能使其化古为新，获得崭新的面貌和特质。在这个意义上，儒家有创立者。只不过中国人一般不把儒家思想称为孔学，而英语中却直接以孔子之名称呼儒家，即Confucianism。但在英语里，却没有用哪个人名来命名道家，我们把凡是跟道家有关的都叫Taoist。道家所囊括的一切方面和成就都被附会在其创立者——一个被神化的老子身上，其实这些被附会的东西分别产生于道家的不同阶段和侧面。

65

我们可以这么假设：当孔子在当时的思想界占据了一席之地，并且他的思想体系开始为人所知时，与之相对的思想潮流就如同置身于一个磁场之中，迅速趋集于另一极。可能正是在这一过程中，那些活跃的人将他们的思想附会于某个杰出的人物，例如那个受人崇敬的周王史官。他比孔子年长，这一点孔子自己也承认，因为孔子曾经问学于他。

或许这位真实存在的老子本来就是这一思想流派的宗师，后来这一派渐被人称为道家，而老子就是在那时将这些思想写成书，从而形成了《道德经》的主要内容。

或许这个谜将永远无法解开，不过毋庸置疑的是早期道家思想确实出现，有大量证据可以相互参证。

不过，道家思想虽然已经出现并且成书，却并不能就此证明其最初的形态就是我们现在所读的《道德经》所展示的。有学者认为《道德经》的思想和语言如此精微，一定比先秦道家的另一经典《庄子》晚出，而庄子卒于公元前286年，他们认为《道德经》的思想系衍自《庄子》，所以其成书年代应在公元前3世纪中，甚至更晚。

这些对《道德经》年代的疑惑，在中国人没有发现《道德经》原本和其他考古证据之前，都是无法索解的。我们姑且接受的结论是：或许一个名叫老子的人写了《道德经》，时间上大致与孔子相当，那时道家的基本思想正在形成。之后这部书传播流布，在其间得以提炼，并且汇入更晚、更复杂的思想。不过该书的思想框架和行文风格仍属于早期道家，古朴而简明，而非庄子之后的著作。

当前的观点大多演绎于上面的结论，不过另有一种观点也很有说服力：《道德经》是对那种简单而微妙的思想进行系统阐发的初步尝试。

《道德经》采用诗歌的形式，其语言精微玄奥。

盖是作者意在传达不可说之物。道家在此处遭遇了所有神秘主义都会遇到的困难：言不尽意。

《道德经》语言上的暧昧也可能是因为作者试图创制一套哲学术语。例如像"道"，字面的意思就是行走之路，在当时意义已经引申为方法、习惯。儒家和道家对"道"的含义都进行了更深远的拓展，以其言"大道""圣王之道"（儒家）、"自然之道"或"天道"（道家）。

道家之名，就从这个概念来。*

儒家对"道"赋予的伦理意味也在此时固定下来，直到今天一直沿用着。

如果是儒家的用法先固定下来，很难想象道家会坚持把这个概念作为自己思想的核心。道的这两个含义的分化、拓展、固定很可能都是同时的，双方都接受彼此对道的界定，谁也不比谁占先。

*其实，儒家从孔子时也一直在追寻、实现大道，儒家何尝不是"道家"，实际上先秦诸子都是各自求索的"道家"，可见"道"是当时诸子共有的概念。

福建泉州北宋时期的老子石雕

长沙马王堆汉墓中出土的帛书《老子》

北宋赵佶《听琴图》

道家的闲适、淡泊、隐逸的情趣，经常成为中国画家的绘画主题。
不仅仅是那些真正的隐士，也包括身处政治体制之内的官员，
甚至皇帝本人也经常成为这种绘画的对象

道教诸仙壁画

　　儒家从来不置疑"道"有道家所理解的含义，道家亦从不攻讦儒家对"道"素来的陈说。从儒道两家在这方面不起争辩来看，说《道德经》大致成书于孔子之时是有根据的。就在这个时期，被周季乱世催生的早期哲学开始了最初的阐发。儒家和道家在阐发各自思想的殊途之上，都遇到了语言和概念化的藩篱。

67　　儒家和道家同是周朝末年的历史境遇中产生的哲学，但其回应方式何其不同，这是颇值深味的。儒家外向进取，力图践行自己的原则兼济天下。道家对儒家的入世改良主义冷嘲热讽，然而最终跳出了失败者的心态，以旁观的视角发展出了一套深邃的哲学。为了跨越阐述这种哲学的种种障碍，道家在《道德经》中发展出一种佯辞闪烁的（beauiling）言说方式。

高深莫测的《道德经》

　　《道德经》是世界上被翻译次数最多的著作之一，仅英语的译本就不胜枚举，其间形式百变，而且对这区区五千言的阐释也纷纭各异。

　　今日所见的《道德经》之定本至今已经流传了一千五百年，皆简粹，大概在公元3世纪时重新编订，共有八十一章。每章从几十字到百余字不等，行文类似诗歌。

全书分成两部分，分别取自书名中的"道"和"德"，尽管在分法上多有争议，但两部分分别名为《道篇》和《德篇》盖无异议。"经"是中国人对正典的敬称。

前面我们已经讨论过"道"的含义，"德"也是个令人费解的概念，魏礼（Waley）曾经将其英译为power，而在汉语中，其意义为品德（virtue），或事物自身的品性。"德"与"得"意义相通，意为"获得"，《道德经》中有时也赋予这个词"得者"（that which obtains）和所得者（effects of that which obtains, the results）之意。

据其意，"道"大概是指统摄超越的原则（transcendent principle），"德"就是这一原则在具体情境中的显现。

我们将该书中对这两个概念的所有用法进行了梳理之后，可以列出如下含义：

道

1. 宇宙的孕育之力。（"有物混成，先天地生……可以为天下母。"——译注）

2. 或无形无状之物。（"无状之状，无物之象，是谓惚恍。"——译注）

3. 一。（"道生一，一生二，二生三，三生万物。"——译注）

4. 无限，大。（"吾不知其名，字之曰道，强为之名曰大。"——译注）

5. 连绵，不变。（"谷神不死"——译注）

6. 不依赖、不附属。（"独立不改""万物恃之以生而不辞"——译注）

7. 运动不息。（"周行不殆；反者道之动。"——译注）

8. 其用不竭。（"道冲，而用之或不盈"；"玄牝之门，是谓天地根。绵绵若存，用之不勤。"——译注）

9. 自然界之过程。（"道法自然"——译注）

10. 无为，又成就一切。（"道常无为而无不为"——译注）

11. 无法命名，无法言说。（"道可道，非常道；名可名，非常名。"——译注）

德

1. 由道衍生出的力量和德行。

2. 养育万物。（"故道生之，德畜之，长之育之，成之熟之，养之覆之。生而不有，为而不恃，长而不宰。是谓玄德。"——译注）

3. 引导事物恢复如初。（"常德不离，复归于婴儿。""常德不忒，复归于无极。""为天下谷，常德乃

足，复归于朴。朴散则为器，圣人用之，则为官长，故大制不割。"——译注）

4. 大智者的品质。（"善为士者不武，善战者不怒，善胜者不与，善用仁者为之下。是谓不争之德，是谓用人之力，是谓配天古之极。"——译注）

5. 万物的本性。（"是以万物莫不尊道而贵德。道之尊，德之贵，夫莫之命而常自然。"——译注）

从上面所罗列的义项中可以看出，道即是万物之德的总和，人们对道所能认知的，就是德。这种对道的知识当然不是完整的，而仅仅是从无数分散具体的事物上所得到的认识。道，不可割裂，不可观见，识得"道"，就是识得了"道"的全部。这的确是"道"与"德"的悖论。

《庄子》中有一段话说："故通于天地者，德也；行于万物者，道也；上治人者，事也。"[1]因此，德包含于道，道只能通过德来喻指。

《道德经》反复谈及"道"与自然、万物、人事之间的关系。书中描述了事物的生消存殁、聚散离合。

---

[1]　《庄子·天地》。——译注

书中有：道生一，一生二，二生三，三生万物，这似乎是说道是终极的，但别处又说"道法自然"，道又似乎并非终极的，自为的（spontaneous）、自生的（ungenerated）自然才是终极的。*

实际上，这些宇宙衍化进程中各要素的顺序并非是事实上的，各阶段其实是共时性的，它所描述的顺序不是时间意义上的先后，不是从历史开端之后的迁变。其要旨就是申明那没有定限、没有终结的万物之流动，超越其上（或者说内在其中的——如果这样更能言明其根基）的是不变的"一"，即自在而无限（unconditioned and unlimited）的终极之"道"。

道家的鹄的就是体悟"道"。未能悟道之时，人可以通过观察道在自然万物上的显现来坚信道的存在，*一旦悟道，他就能澄澈其心智，黜挫所有精神上的淆乱。

道是一，不可限分，所以对道的认识不可能零零散散。悟道不是科学，不是一个渐进累积的过程。《道德经》用纷繁的譬喻来启发、引导向内的省思。

对道的领悟（如果真能做到的话）就是体验到人与道的合一，不是把人真正变成道，而是人"意识"到了万物为一体，并与他的心灵是共存的。

这种顿然的彻悟是所有神秘主义的共性，不过道家的神秘主义有一些自己的文化特点。道家关注的是彻悟体验的精神或智识上的结果，而非这种合一带来的喜悦（像其他宗教那样），也不以这种神圣体验本身为最终目的。*

　　道家对道，或者与道同一状态的描述并无丝毫美饰，而是将其感受性质消解得一无所有。道是视而不见、嗅而无味、博之不得、缥缈恍惚，毫无可以餍足感受知觉的特质。这和其他神秘主义所描述的同一体验何其不同，那种狂喜的感受（ecstasy）是不可名状的甜蜜和芬芳、炫目无比的光芒、如男女欢爱之和畅……都与道无关。

　　既然如此，道对我们又有何益？

　　没有。

　　此处便清楚地看到了道家哲学和道教的差异。

　　道确实是有用的，不过，这与我们是否希望它有用处并无关系。我们不能支使征调它，它不会满足于我们指定的任何用途，它是非人格的（impersonal）。*祈祷吁求对道都没有任何作用，它对它所衍生的万物没有任何惜爱庇护。《道德经》说"道无亲"，意即它不受人之伦理、仁爱标准的规范，甚至不受任何事物的规范。这和儒家的道德宇宙观念有着深刻的矛盾，不过很多儒家却深受道家思想的濡染，他们称其为"大言"（vast conception），这的确是个博大深瀚的思想，大大拓展了中国上古哲学的疆域。

　　尽管道对我们来说没有直接的好处，不过了解宇宙的性

* 道家的这种体验并非完全是智识上的，还包括了身体、意识上的神秘体验，道家讲的身心的修炼与后来的道教仍是有关系的，作者似乎更愿意把道家理解为一种纯哲学，而不谈及其身心合一的方法。

* "天地不仁，以万物为刍狗；圣人不仁，以百姓为刍狗。"

70

质仍然有所益处。《道德经》中也有种常识层次上的意义，教导人们如何与这个世界相处。就如林语堂的妙语韬光养晦的哲学（philosophy of camouflage）所言，《道德经》告诫人们不要"有为"，要居卑处柔，如朴若讷，不争不竞；书中说真假是非都是相对的，人的智巧所设置的标准也都是相对的；而《道德经》最为强调的是生活的素朴，以及思索与道的和谐（harmony with the world about one），在这种和谐中，人能获得有限但却实际的自由。

该书还展现了另一层次上的用处，人有可能得道而成为真人（enlightened person）：得道者因悟道而秀出于庶众。* 道家成功地向那些从没指望自己有此机缘的大众传达了这种观念：悟道是可能的，真人就是悟道而成的，他们无所不知但又无所为。道家将这个观念塑造得如此真实，在中国文化中发生了深远的影响。真人逍遥任游于种种习俗、束缚、社会关系之外，追求这种逍遥自在的价值一直生生不息，对整个社会都有深远意义。对这种自由的体验不是从某事某物上的有限解脱，它本身就是领悟真知的门径，是对终极实在（ultimate reality）的体验。

《道德经》也可以做更世俗的解读。

从字面上讲，"德"既然是"道"显效灵验的方面，那么德就可以被看做一种力量，可以达到眼下的目的；德甚至可以是法术，人们可以藉此实现自己盘算的利益。

*真人即世俗所谓"仙人"，使悟道忽然具有了无限迷人之处，如长生和其他超自然的能力。现代学术是排斥这种超自然哲学的。

　　哲人将德隐喻为超乎人力之上的宇宙之功能，他通过这种隐喻来传达那种超越了语言的玄奥思想。不知音者（less well-at-tuned reader）会将其当作利用自然和他人的明训，以达到并不崇高的目的之工具。这样的解读把哲学变成了可操作的权术和伎俩，将对真理的内省和思索变成了治术箴言。《道德经》就屡屡成为这种误读误用的牺牲品。

　　1972年在长沙附近的马王堆，发现了一个汉代家族的墓群，埋葬时间大约是公元前186—公元前166年，这是一个极其重要的考古发现，不但出土了保存异常完好的古尸、丰富的陪葬品，还有大量的帛书。

　　就是这些帛书显示了一种较早的尝试，试图将《道德经》当作在政治斗争中取胜的实用指南。*

　　在帛书中，有两本大同小异的《道德经》以及其他一些道家典籍，有些文献是第一次见到。帛书本《道德经》比此前已知的最早版本早了350年，但又比人们通常认为的《道德经》撰写的时间晚了几百年。帛书本显示了很多诠释问题，大大丰富了我们对早期道家的了解。

　　这些公元前2世纪早期的帛书本引发了广泛的思考。

　　首先帛书本中，德篇在道篇之前，所以这个版本可以称之为《德道经》。

　　其次，帛书本比现在的通行本长百分之十，有些字句与

71

* 何炳棣先生论述了《道德经》与《孙子兵法》在思想和概念上的相关性。

通行本相比也有所不同，其含义也就有所差别。这些差异集中地体现了对"德"之用世和实践方面的关注，对功果目标的关注，所以很多学者把帛书本看做政治规鉴手册。

这两本同时发现的《道德经》及其他文献，被学者视为法家和道家的融合，为政府强烈的国家主义和实行主义者（statist and activist）提供思想资源。*这大概可以看做是道家哲学所能生发出来的最长枝条，就像后面第七章所说的，这是一种诡异的杂糅，如油混水，但却是公元前3世纪到公元前2世纪法家治国之术的特点。

简而言之，这些新发现大大拓宽了我们对帝国早期政治思想的认识。无论它代表的是道家最初的本来形态（看样子不大可能），还是后来的一种蜕化，这些文献都是令人深思的，很多学者已被这些谜团所吸引。

故而，《道德经》是各种元素的奇异拼接。一个层面是道家对人世和世界的一般看法，另一个层面则是对治国的指箴训诫。

不过对绝大多数严肃的读者而言，《道德经》是玄奥的诗歌，用以激发那种超乎语言的体验。所以《道德经》的语言刻意地暧昧、迂回，尤其爱用悖论和奇异的对照促发人们思考。一些学生这么写道：

*汉代初期，道家不再弃世高洁，清静无为，而是主动参与政治活动之中。

72

　　《道德经》之所以有这么多译本（且逐年不辍），其中一个原因就是它的语言既让人着迷，又让人沮丧。中国古代语言的多义性和概念的灵活性使其语义既暧昧幽晦，又启迪不断。很少有哪一句的意思是豁然明了的。只有反复温读才有可能对全书的旨意有通贯的领会，才能将单个句子多变的意思固定明晰下来。

　　其首句就明白无误地向我们显示，我们对确定性的把握要非常灵活。首句一共有六个字（道可道，非常道），其中三个是道，分别指"路"（guide，名词；动词），"说"（practice，名词；动词），"道理"（reason）以及其他诸多意思。当这段话在你嘴里反复涵咏之后，你就会非常明白：道的含义决不会在语义逼仄的河床上温顺地流淌。我的一个同事曾经十分高兴地讲出了他对这句话的翻译：The Way that can be expressed is not the constant Way. 就我所见的出版物中，还没有哪个翻译比这个更精准，或许唯一能有所指摘的就是：这是一个感性的翻译。不过，这个同事对这个翻译仍然不满意。[1]

　　《道德经》独特的言说方式、富于节奏的语言，都是精

---

[1]　基尔曼（F. A. Kierman, Jr.），私人交流场合。

心巧思的结果，它深深镌刻在人们心中，并重现在人们的语言中。这本书如同给中国文化施了咒语，其魅力贯穿整个中国历史，诱惑着一代代学人深习隽解，而对其思索诵记者更是不计其数。

73

《道德经》的思想、语言对中国文化的经验有着持久而深入的影响，足以同孔孟之学比肩量力。

庄　子

庄周（即人们熟知的哲人庄子，公元前369—前286年）是一个完全真实的历史人物。楚王召他做官，他却不想被仕途污染。他同其他哲人辩论，幽默地鞭笞他们，他乐于此道，但其实并不认为辩论可以证明什么。

庄子机智敏捷，对语言的驾驭炉火纯青。他撰写哲学文章阐发他的思想，其中充满了玄幻和幽默，又善以反讽论说。这些作品因其卓越的想象力而备受瞩目，足以成为不朽的文学瑰宝（即便其重要性不如作为哲学）。

《庄子》由三十一篇组成，每一篇翻译为英文后大约十几页。*尽管其中的部分篇章被后人篡改增益，但其核心部分还是被学者公认为庄子所著。

《庄子》的出发点正是《道德经》中的思想，但庄子的

*三十一篇分内篇、外篇、杂篇三部分，其中内篇公认为庄子所作。

思想走得更远，他的文章应该被当作哲学论著来读。庄子将前驱的思想充分展开深化。

《道德经》的字里行间总是那么玄奥隐晦，以至于常可作多种理解；《庄子》里单个的句子，其意义则很少模棱两可，但其整个段落的意思却颇费揣度。《庄子》里的每个部分几乎都既可以当作文学，也可以作哲学，而且不论在哪个层面，都具有隐喻的性质。

正像我们前面提到过的，对于道家，一个非常值得重视的问题就是，想象力平庸的读者将道家思想庸俗化（vulgarization）。道家经常用精心构思的比喻来暗示其精妙的思想，如果这些比喻被误读，那道家哲学也就头踵颠倒了。

譬如，庄子常常谈到养生的必要性。在当时，养生有既定的含义了，与各种身体方面的训练有关，包括服食、导引、着意于自我催眠（self-hypnosis）的吐纳以及房中术等。* 庄子利用当时的这些观念来言说另一种"养生"。他的意思并不是逆自然而得长生、超众俗而修异能这些庸俗的观念。庄子奚落按字面意思运用那些修炼以达到违逆自然的目的，但是他的表述用语微妙，让那些思想简单的人很容易被误导，拿庄子的话作为权威，去支持和庄子截然不同的观点。道家哲人一直认为，庄子的思想只有哲学上的目的，* 他谈到身体训练有助于人的专注（concentration），其旨趣只在于心灵的澄

* "自我催眠"流露出西方学者对于东方身心修炼的隔膜。

74

* 庄子的思想既是哲学也有身心修炼的含义，养气、静修等具体方法绝不仅仅只有精神层面的作用。

净。而道家的世俗化则开启了这样一个问题：人是应该在顺应自然中寻找成圣（sagehood）之路，还是应该超越自然获得长生和神通（immortality and supernatural powers）。*尽管庄子所言明白无误地指前者，但他的著作并非是供百姓阅读的粗浅读物，所以他无法阻止人们朝着别的方向理解。抑或庄子也觉得每个人都应该寻找对自己才有意义的那个层次的真知（truth）。

对于庄子和那些能真正领会他的人来说，身体修炼本身没有什么价值。庄子既不是练瑜伽的，也不是苦行者，这些方式只会让修道者走向极端和逆反自然。庄子关注的是澄净精神（concentration），通过这种方式，提升悟见的能力，最终以至"观"道，或体道（experience），从而获得玄秘的真知。能够完成这一修行的人就成为了"真人"（true sage）、"至人"（perfected person），逍遥无待、欣喜盈怀。

庄子的人生目的就是乐生（happiness）。在他的思想体系中，道之外的一切都是相对的，只有道是绝对的，道是自在、至真、至乐的。而那些我们认识到的相对的自在、知识、快乐都只有相对的价值。

大多数中国人认为，庄子为他们确证了这种智慧，虽然他们并不指望自己能获得这种神秘的亲证，对他们来说，庄子所说的那些相对的快乐、逍遥才是有意义的。

*尽管庄子抨击了对修道的庸俗功利的强解，但"全人""真人"的理想，仍然是他肯定的，所以身心修炼是任何道家不可缺少的。但这一内涵对于现代学术来说过于"神秘主义"，所以被去魅化之后成了纯粹精神的、观念性的。

　　道家哲学对大众传播的观念是顺自然、不违逆人的本性、过素朴的生活。在这个层次上，那些真、善、美的相对标准才是可接受的，但儒家辩称，这些是绝对的，道家的道德相对主义对文明的根基有强烈的腐蚀作用。道家非常赞同儒家的这个观察，并且对儒家的批评非常欣然，因为他们根本对"文明"不屑一顾。

75

　　虽然如此，道家仍然是实践的，它知道与世界（不论好坏，一个"文明化"了的世界）相洽的用处，其唯一的危险就是像儒家那样过分看重人世社会。

　　当人们过分注重差异，就会把现实分割成绝然区分的部分。尤其是当被误导的人求知于自身之外时，他就把"我"和"非我"对立起来，这只会造成心灵的混乱。由部分组成的现实，本身就是一个矛盾的词儿，不能认识到这一点的人就永远不会去"我"而与道同一。他不仅仅无法认识到自己与道的同一，从而获得"至乐"，而且还不大可能获得对事物的现实认识，也得不到道家那种顺自然、抱素朴之生活所带来的快乐（尽管是相对的）。

　　庄子的方法是要齐万物、泯别异，将人们从近切直接的关注中——如此是而彼非之类——解脱出来，将差异看做一个更大的循环中彼此相关联的。不过，这不是要对差异视而不见，区分的能力也是我们的知识（尽管是相对的），我们不是要否定知识，而是要把知识放在其本来的位置上以获得更高的知识。要获得这种更高的知识，就是要"黜聪明"，这是一种超越了知识的知（post-knowledge）。这种知不是人之初的那种蒙昧，或者赤子的无知。知之愈深则越愚（像一个悖论），道家推崇这种"若愚"，并非真的愚钝，其含义是由其对立面来规定的，道家运用的许多概念都采取这种定义方式。大智若大愚。学道家者先是通过知识来看待事物，但这些知识只是关于外在世界中事物的相对知识，他要想获得真知，只能反求诸内心。

这些观点看上去简单、无害。但实际上却并不简单，那些热衷于规范社会和强固国家的人也绝不认为道家思想毫无威胁。荀子说过，庄子"蔽于天而不知人"（《荀子·解蔽》）。庄子比老子走得更远，他所倡导的国家不仅仅是放任自流的，甚至是无政府的，他的无政府思想并不推崇人的作用。所谓庄子"不知人"，实则是因为他不相信组织和社会运动。因此除了对朝廷稍有不公的观点之外，他的无政府主义不会成为政治的威胁。相对主义的观点和妙语连珠的反讽激发了大量的批评，使人们认识到大多数政治人物和浮夸取宠者的愚蠢。但对于想成为明君贤臣的人来说，这些讥讽确实如刺在喉。

庄子言事常假托孔子及其弟子，虽不乏恶毒，然而足令人们解颐（包括儒者）。

　　道家的历史价值就是对儒家的制衡。每当儒者们想冒进，过分热衷于他们的伦理宏图，用他们的标准和规范来固化、僵化人们的生活，道家就会竭力使形势恢复到均衡。在这个意义上，道家已经内化为中国文明的一种纠偏、革新的能力（但愿一直如此），使其能如此平稳地发展。

安徽宏村民居

道家所强调的人、建筑与自然的和谐关系，
对于后世中国的各种建筑都具有很大的影响

湖北武当山太和宫

武当山的道教建筑是中国最庞大精湛的宗教建筑系统

武当山紫霄宫

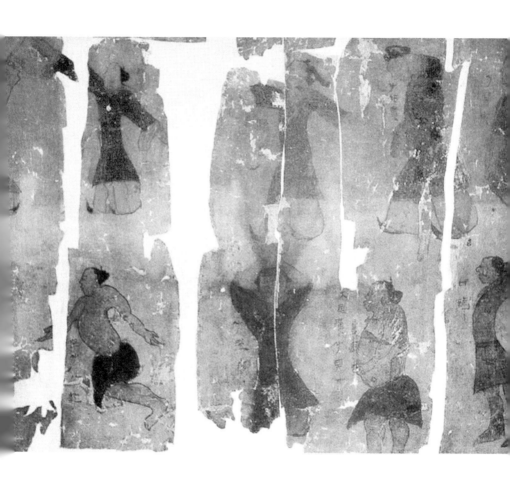

马王堆汉墓出土的行气导引图

第五章　墨家

哲人、军人、教徒

墨子是贵族、士、军人、囚徒，还是工匠？

受业于儒门的墨子何以自创新说，逆击师说？

墨子是中国古代少有的哲学和宗教领袖，而且开创了一种融学术、宗教和军事于一体的生活社团，这一组织为什么在秦之后就彻底消失了？

墨子（公元前479—前438）是儒家学派里第一个别立门户的重要人物。他的生年大概是孔子的卒年，他肯定在孔子嫡孙时代的儒者门下学习过，当此际儒家尚未成独占鳌头之势。

当儒家渐执百家之牛耳，进而成为帝国时期的官方哲学和教育，学派内部的异类也力图保持儒家的身份，安于在学派内部求同存异，这样就能获得声称儒家的正确性所带来的好处。因此在后世，儒家再也没有产生像墨子这样重要的人物，敢于批评儒家，并且建立了自己的崭新社会哲学。

我们意料墨家与儒家会有些相似之处，也的确如此，例如，二者都关注社会行为，*都征引上古之事证明自己的观点，都力图通过政治实现道德的目的。尽管如此，墨子却强烈反对儒家一些最根本的训诫，最终使他跟儒家分道扬镳。虽然他接受过儒家的教育，但却自出机杼，提出了自己的社会理想和实施方法。他的观点和儒家以及同时代的道家都格格不入，很难调和。

墨子（Mo Tzu，或Moh Tzu，Motze，有时拉丁化为Micius）是历史上真实存在的人物，可奇怪的是他的确切身份一直未存记

* 儒家推崇周，以文王、周公为楷模；墨家推崇夏，以禹为楷模。

78

载，即使在中国的传统里，墨子身上也充满了诸多不可解的疑窦。

"墨"是他的姓，他的名字据说叫"翟"(dí)，关于他姓名的缘起和含义有好几种说法。"墨"会不会是一个头衔，或一种形容而非名字呢？会不会指的是他的社会阶层、营生、职业呢，譬如一个从事版筑的工匠？抑或表明他曾经受过墨刑，被黥过额头？

从"墨"字的含义来看，这些都有可能。"墨"的意思有：黑色、烟黑、墨汁、墨刑。还有一种由来已久的猜测，认为墨子有军人背景，他出身于一个没落的士家，士作为一个社会阶层在他的时代已经瓦解了，他不得不寻找新的社会角色，承受巨大的社会落差。

墨子的精神显示了某种军人式的严格和简朴倾向，在追求智识的条理上非常严谨。他的门徒组成的社团也组织严密，依稀有军队的影子。更为重要的是，他的门徒虽然恪守他对侵伐战争的批评，但他们的确成了战国时公认的防御守备的行家，在战争史上起过重要的作用。像这样的联系的确不胜枚举。

但是我们仍不能就此断定墨子是一个没落无着的士族，追求一个戎武者所能构想的理想社会。最近的研究显示，墨子很有可能是一个工匠，"墨"就是用来丈量和标记木材所用的烟黑，也是他们这一行的象征。

至于这几种可能哪个才是真正的答案，看来还没人能断言。

但我们可以看出，这几种揣测的一致之处就是墨子属于当时社会的中下阶层。墨子阐发的观点带着中下阶层的道德色彩。虽然我们的结论有点盛气凌人，但在我们的头脑中，西方社会里还真找不出和墨子相类似的例子。墨子对利（profit）与用（utility）颇费思虑，故而，在墨子的思想体系中，首要的就是利。"利"是最让孟子恼火的字眼儿，同样，对世无所用的（inutile）贵族而言，"用"从来就不被看做是好东西。*

墨子同样也对铺张和奢靡忧心忡忡，他和儒者的决裂就起于庆典和礼仪上的分歧，庆典和礼仪不仅使贵族们继续奢华浪费的态度，而且更糟的是，造成了实际的物用上的耗费。

墨子视礼乐、天人的和谐，以及任何心灵的幽雅和抒发都是一种愚蠢。*墨子号召他的门徒过着一种清苦简单的生活，和老派的新教传道士们（Protestant evangelism）很像。墨子严格、刚性的社会哲学在其同时代的批评者眼中是乏味、苛刻的，和今日中国人的生活基调、趣味也格格不入（即便是对今天中国如此苛刻的生活也如此[1]），这一点让我们很惊讶。

* 与之相映成趣的是英国19世纪的贵族也以不从事任何职业的"无用"为标志。

* 墨子的质朴、粗俭体现在他反对礼乐、艺术、庆典、宫室，等等，颇有苦行和禁欲的倾向。

---

[1] 指本书写作的20世纪60年代末70年代初，当时中国的生活条件的确是非常"苛刻"。——译注

但是，如果你能跳过这种哲学的单调和障碍（墨子所生活的那个世界在文化上的贫乏），就能进入一个墨者（Mohist，人们依惯例用h或一个连字符将这个词变成双音节的，其实Moist与Mohism并无不同）的精神世界——同样蕴含着趣味和历史价值。

墨子是中国本土产生的唯一一个宗教导师，[*]这个习惯说法当然排除了日后中国历代大众宗教的领袖们，因为他们毕竟没有留下文字，显示那种原创的、成熟的宗教思想。墨子就做到了这一点。他详细阐发了他的宗教思想，这些思想很富于原创性（在中国的环境中似乎是这样的），前无古人后无来者。

墨子的宗教是一种多神教，人格化的，并且要严格地信仰。我们必须假定墨子的这些思想是在中国人普遍接受的宇宙论框架下发展出来的。也就是说，墨子的神鬼不是外在于宇宙的创造者，对此他也无需说明。除了诸如此类的共性之外，墨子和墨家的宗教信条与中国历史上其他所有哲人师者（前文讲过的）宣讲的都不同。孔子的道德学说建立在世俗的基础上，其他学派亦然。只有墨子需要神鬼来施行他的道德秩序。

他相信那个至高的存在，天，或天志，它统摄宇宙，如王者君临邦国，天志通过赏善罚恶得到彰显。他也非常严格明确地信仰很多次级的神鬼，这些超自然的存在协助天督促个人和朝廷遵行道德。在他机械地拓展这些论点的同时，他又抨击命运的说法，认为这和道德秩序的目的性相矛盾。在

* 若说宗教导师，后世并不缺乏，如佛教、道教都有。此处作者强调的是墨家是一种外向型的社会宗教性质。

80

天的统摄下，没有什么真正的偶然，没有盲目的因果，即便是小民们的琐碎行为都逃不过天的赏与罚。

我们还记得，孟子也曾强调天（自然的秩序）的作用，"天视自我民视，天听自我民听"（《孟子·万章上》）。孟子把天看做可以回应（response）人们的感受和需要的力量，墨子的天则更加人格化，它知道（knowing）人的需要，并且勒命人拜服它无上的意志。

宗教对于矫正人们的行为是不可缺少的。但天志不是人事唯一的动因。墨子曾举自己的病为例子说，一个人生病并非一定是因为恶行而受了天罚，也不是盲目的命运造成的，通常都有自然的原因，例如受了寒热、过于疲劳、饮食不洁等等。*墨子对自然的看法出奇地现实，同时又坚持超自然的观念，这种奇异的综合在西方传统中是闻所未闻的。墨子的宗教功利主义（religious utilitarianism）也同样令我们陌生，墨子的理论听起来像边沁和密尔。墨子在公元前5世纪提出了一种着眼于每个人利益的兼爱哲学，西方直到18世纪才产生这种思想。

墨子探寻人民的福祉，告诉人们应该激励自己，获得幸福。不过墨子把幸福定义为狭隘的物质层面。他所说的道德是一种算计：一件事情所以好，是因为可以证明它能给所有人带来同样的物质利益。战争是最大的恶，因为人力财力毁灭最剧。正义就是弃绝个人好恶，使高效的生产和公平的分

* 如何区分"自然界"的作用和超自然的天的作用，成了墨家的困惑之一。

81

配不受妨碍。音乐和艺术也不好，因为浪费时间、物力、精力，既不能充饥，也不能蔽体。儒家所说的恶只是指偏离伦理上的和谐而不会立刻就恶有恶报；墨家所说的恶是指任何偏离积极生产的行为，因为这是对天的冒犯，一定会遭到天罚。

因为天对所有人的爱都是等同的，所以人们也应该对所有人给予同等的爱，即兼爱（universal love）。* 兼爱是墨家理论中最基本的信条。墨子大概吸收了孔子"仁"的理想并将其扩展，进而将其重新定义为爱的一种社会属性——对所有人都给予无差别的关爱。这是墨家最震惊儒家的地方，这是对家庭优先（family priorities）的否定。墨子的理想听起来似乎更宏伟：平等地爱所有人[1]，于是天下所有身为人子者对待老人都如同对待自己的父亲，儿子不需要对自己的父亲给予格外的爱护和关照。

> * universal love 似更像"博爱"，兼爱强调的不仅是广度，更重要的是平均，即与儒家的爱有差等相反，爱无差等。

不可否认，儒家的理想更符合人们的期望，儒家的"爱有差等"与孔子理想中的等级社会是一致的。同样墨家兼爱的理想也清楚地预想了一个组织严密、崇尚均等（egalitarian）的社会。而这个社会也只有通过这样的组织才能实现。*

> * 对家庭、社会、艺术、享受的抵制让墨家看起来像斯巴达人的社会。

墨者的宗派在东周晚期的全国各地兴盛了两个多世纪，形成了众多的"国中之国"。墨者的组织有自己的领袖，叫钜

---

[1] "爱人若爱其身""视人之身若其身"。——译注

子。理论上，钜子由公认为能力超卓之人担当，但实际上是通过在核心组织中一步步爬升上来的，其原则同美国的工会选举领袖相似。一旦领袖从等级体系中被推举出来，其他成员就要服从。在墨者组织内部，钜子的规矩高于国法。

墨者在经济上的自治自理，对家族利益的否定，同诸侯国之间的潜在冲突，这些因素都大大降低了其生存的几率。但事实上让墨者们最为颠踬多舛的是他们的另一种品性：助弱抗暴。不可阻挡的秦国在公元前229到公元前221年间完成了最后的荡涤，在结束了战国时代的同时也造成了墨者的绝迹。秦国大军在碾碎其他侯国徒劳的反抗过程中，或许同时也大批地粉碎了墨者们的组织。有些学者提出的见解非常耐人寻味：墨者们的余绪反映在秦汉之际的游侠之风中。罗宾汉式的游侠和帮派不羁于法律，但心中却秉承着一些社会道德（social consciousness），他们心中的这些道德、原则大概就是从墨家的思想中汲取的。

但这种关联只是一种推测，我们能确证的只有：墨者们的文字留存着，但墨家学派绝迹了。

直到18世纪，由于把墨家的文献当作哲学研究的对象，*对墨家的兴趣才复兴起来。而此前的漫长时间里，事实上墨家思想在中国文明历史中已经湮灭无闻了。

总而言之，我们可以断定，在先秦的思想和文化环境

* 晚清的考据学家重新发现了墨家的价值，以孙诒让为代表。后来梁启超、胡适等继之。

中，墨家最不寻常的特点就是它对最基本的心理因素的违逆。墨家似乎没有意识到人的自然情感（人之常情），以及这种常情对社会行为的作用。* 在古代反墨家的批评中最有力的就是庄子所说的"反天下之心，天下不堪"（《庄子·天地》）。

墨家对历史的运用即便在中国这个最有历史意识的文化中，也显得非常奇异。历史诚然重要，但墨家试图援引最古老的时代（夏代）来支持他们的观点。朝代越幽远神秘，严格的尚古主义者们（fundamentalism）的援用，事实上也就越不被相信。毕竟在墨家的时代，理性正迅速成长，有更贴切更晚近的历史可以借鉴。与之相比，孔子援引历史时，大多取材于更近的周代。

更有甚者，墨家跟同时代所有的潮流都针锋相对，他们拒斥社会发展所自然产生的运作、社会的流动性、政治的进展，等等。他们坚持自己缔结的组织，这种组织既没有古代贵族理想的魅力，也不能带来令人们满意的新的社会自由。

虽然器狭的官僚和自诩为君子的贵族未能充分实行儒家的思想，从而造成了很多显而易见的缺陷，但儒家不臆断、非教条的伦理学终究比墨者们过于简单化的规则更有吸引力和适用性。墨家作为一种社会学说，其消失在情理之中，它确实不会对一个复杂的文明有什么补益。

尽管如此，墨家对于19、20世纪的中国人来说有特别的

* 墨家反人之常情，但又不追求超越常人社会的彼岸性，所以导致了内在矛盾，与后来同样反人之常情的佛教的遭遇大不一样。

83

意义，在中国现代思想的成果中，墨家的重要性得到了令人惊奇的恢复。墨家吸引了基督教的传教士以及那些受到基督教和西方思想影响的中国现代化的前驱们，兼爱的学说和基督教义看上去有些相仿。早期的传教士曾经利用这一中国古代的先贤促使现代中国的教外人士重视基督教的"博爱"，并论证说这位令人景仰的古代先哲讲述的东西和舶来的基督教义别无二致。现代中国人对墨家的研究毫无疑问跟中国基督徒们有关。现代的革命运动也注意到了墨家思想，因为兼爱的观念可以破除家族中心的态度，这是转变社会的杠杆。

对墨学的这两种利用其实都很特殊，对于中国思想史家来说，墨学还有一个方面值得我们重视，那就是知识论（epistemology）——思考人如何获得知识。这是墨家对中国古代哲学的主要贡献。

第六章　何为真知

墨名道儒的论战

先秦诸子中为什么只有墨家和名家热衷于逻辑和论辩？

儒道法三家为何否定言辩的巨大价值，连能言善辩的庄子也不推崇言辩本身呢？

儒道法这些轻视言辩的学派推崇的知识标准是什么？它们跟中国独特的宇宙观有联系吗？墨家和名家在后世的冷遇是因为不合于中国主流的宇宙观吗？

墨子死后，他的著作（可能是中国最早的正式哲学论著）仍然为门徒们提供着争辩的话题，墨者很快成了诸子中以辩术著称的学派。辩术和剑术有着某种对称的关系，墨者在同其他学派舌战时是技艺高超的行家，也是赢家。

《墨子》中有些章节有三种版本，这是墨者们勤奋地复述墨子的论题，经常变换方式来展开这些讨论。他们增加了大量材料，继续发展墨子最初的理论。

墨家的知识论

《墨子》中增益的部分，就目前我们所知道的，与知识的性质以及形式逻辑等问题密切相关。墨家试图发展出一种知识论，解释我们如何获得知识，我们的知识是什么，我们判断知识的标准是什么。* 墨家同样对如何进行正确的陈述、如何验证命题的正确性等问题饶有兴趣。这些问题向来都是西方哲学和古希腊哲学的核心，但对于中国哲学来说从没有被独立出来。墨家的方法没有获得完善的发展，他们所取得

85

* 对知识有效性的系统关注，在欧洲是十八世纪的康德才开始的。

的成果也没有获得高度的重视。即使所涉及的问题在其他关注生命的系统反思中是不可或缺的，但对于中国主流哲学派别的价值和主旨来说仍是边缘的东西。

孔子是最早对知识问题表现出兴趣的，他认为知识本质上是探寻确定性（certainty）。他的思想体系揭示的是：智慧必须以道德观念为准绳，是人类的基本天性，我们依靠这种智慧才能获得关于确定性的知识。不过对于孔子来说，知识的实际运用远比语言上的形式化演练重要。现代中国的哲学史巨擘冯友兰曾经说，知识问题对于孔子而言只是伦理性质的，直到荀子时，儒家才在逻辑的意义上看待知识问题。*

孔子在他的"正名"（rectification of names）学说里表述了他系统的知识理论，对于名与实、术语与含义关系的论述会产生重要的后果。它使得哲人们开始意识到其中可能发生的矛盾，于是导向了对知识过程的思考。然而，这一思考的重点却仍旧落在了社会和道德理论上，即言语如何与内容相符，而非抽象的问题，人如何了解事物、如何证明他的陈述的合理性。

正如我们认为的那样，如果《道德经》所展示的是老子和早期道家的思想，那么该书就是要急切地暴露人们所谓的知识的有限性。在老子和道家哲人看来，只要用更宏观的自

*名与实，可比照哲学中的能指与所指。儒家的语言哲学似乎与20世纪的分析哲学成为两个极端，儒家拒绝走进"纯语言"，而分析哲学则拒绝走出"纯语言"。

然视角（the larger view of nature）矫正人类中心（human-centered）的观点，就能看出真知（truth）的相对性。这在某种程度上是对追求普通的真知的贬低。他们肯定认为有更高的真知存在，但这种真知却只能通过直觉体验到，不能客观地"知道"。因此，语言不可能精确地表述它，语言完善与否对陈述这种真知，终究不过是语词的游戏而已。

早期道家的哲人对形式逻辑也就没什么大的贡献了，他们的知识论也没有被其他思想家所采用。

而墨家却做出了重要的新贡献，之所以能如此，是因为他们和道家不同，他们相信智识中的确定性能获得，而且能表达；墨家和儒家也不同，他们相信辩论对于揭示真知功用巨大，故而本身就有价值。按照他们严格的思维方式，他们赋予辩论的功用曾被伦理取向的儒家嘲笑道："饰邪说，文奸言，以枭乱天下"（《荀子·非十二子》）。

公元前三四世纪的后期墨家虽然和占主流的儒家道家少有论战，但仍有很多势均力敌的对手。这个哲学的黄金时代被称为诸子百家时代，哲学化大大推进。当时必定产生了不计其数的学派，而其思想能被我们所了解的只是其中寥寥数家，或许也只有这寥寥数家才在历史中拥有永恒的位置。

知识问题只是了解这些学派特征的一把钥匙，我们在此要用这把钥匙去开启中国思想史的另一面。这些方面就是诡辩、逻辑以及依赖辩术的哲学。可是我们并没有完整的文献来了解早期的知识论和逻辑学家，只是通过其对手在作品中所引用的常见辩论。因此这些记载不完整也不公平，但即使如此，其中也透露了名家和辩士们是重要、高超的逻辑学家。

这些断章片断清楚地显示中国哲学也曾具备发展出逻辑的能力。但是，如果我们认为逻辑对于哲学具有中心的重要性，那为什么在中国哲学里就没有产生逻辑，而且也没有成为其中心呢？[*]

这是一个从文化地方性（parochial）出发进行的发问。我们对这个答案很感兴趣，也有权利这么问，但假如把这个问题推向极致，就会让我们迷失在中国文化历史的主要思想中。

对这问题的初步回答就是，中国人认为在哲学中形式逻辑并不是最重要的。

更深入、也更合宜的答案却需要追问为什么我们西方的文明发现古代的逻辑具有中心的重要性，而不是问中国或其他民族为什么没有这样。任何不同于我们所熟悉的范型都需要额外的解释——这种假定是一隅之见（parochial），任何文化上的一隅之见都会生发出无意识但却必然地普世化（universalizing），造成令人沮丧的偏失。

因此我们把中国的逻辑学家也看做中国思想世界的一部

分，从中国哲学的另类维度思考（尤其是中国的形而上学理论）是饶有趣味的。*但是还没人能令人信服地完整重建他们的理论，我们的兴趣也被拘囿在狭小的范围内：他们跟其他思想家的交锋，尤其是在知识问题上，以及其他学派对他们专擅的辩术的态度。

尽管很难确定到底是墨家还是其他学派推进了逻辑和认识论，但可以肯定地说这是他们之间的互动的产物。墨家涉及了知识的来源、命名、推理的方法等问题，而且显示出对常识（common-sense）的信赖。

不过他们给对手譬举的机智反例和分析延伸了常识的可靠性，并一直寻找实际的功用。他们不是仅仅对知识感兴趣，将其作为教育的产物，他们作为功利主义者反对六艺等奢侈的人文教育。墨者们不会把知识当作给定的一堆事实来接受，他们对师长的启发也抱着平民式的怀疑主义（plebeian skepticism）。他们需要知道知识从何处来，用到何处去。因此他们创造（至少是运用）了下面对知识之经验及其构成要素的分析。

材 感官。人用以获得知识的官能，其本身并非知识，如眼睛。

接 感官对外物的感知，并形成印象（impression），如看。

*如果不进入中国哲学的体验、直觉、伦理的维度，西方人就永远无法"重建"先秦的理论。

88

明　理解。对感官印象的清晰了解。[1]

因此，墨家认为知识包括三个要素：认知的官能，与知识客体的联系，反思（或说理解）。

这和我们关于知识构成要素的心理分析更接近：感官、对象、推理。用知识论的术语讲，第一个和第三个要素是人自身拥有的感官和理性，第二个要素则属于对象。三个要素对于知识的产生都是缺一不可。

但是对这些日常经验的组成部分进行定义有何价值呢？对于墨者来说，这种对问题的简化和说明会使人们坚信常识，以便抵挡诡辩家的极端言辞和专事巧言者们（professional word jugglers）制造的悖谬。所以墨家还要继续按照获得知识的方式来对知识进行分类。

闻　通过话语（包括文字）得来的知识，例如所有的历史知识。

说　不能直接察觉，而是通过理性推衍出来的知识，墨子说"说在久"。例如，我们知道一个东西的"蓝色"，这是从某物之"蓝"的概念延伸

---

[1]　"知，材也""知，接也""知，明也"。（《墨子·经说上》）——译注

和持续而来。我们曾经经历过蓝色的某物，此时就好像在我们的感官之外又浮现出来。

亲 所有的知识最终都从亲知而来，因为所有的闻知和说知都赖于有意义的经验。对某事物的一般知识不能从其名称得来，而是要看到这个名称所隶属的范畴中还有哪些东西。[1]

我们或许可以反对说，上面提到的知识的三类，其实按照获得知识的各种方式来看，都可以归约为第三种。而墨家之所以要分成三类，显示了他们的知识论的局限，* 他们的这种知识论主要是出于实用的兴趣。然而他们系统且敏锐的成就是毋庸置疑的。

按照三种获取方式将知识进行分类以后，墨家又将知识本身划分为四个范畴。

名 对事物的称谓。（还可根据类型再细分）

实 名所指称的。

合 关于前两者如何匹配构造新知识的知识。

89

* 对亲知的强调并非是墨家的局限，亲知是一种知识阈，或知识框架，是新知识得以被吸纳的前提，是阐释学所说的前结构、前理解。

---

[1] "传受之，闻也。方不障，说也。身观焉，亲也。"（《墨子·经说上》）——译注

为　如何完成某事的知识，包括意愿和行动。[1]

这些范畴很有趣，第一个跟现代逻辑学家所说的逻辑术语可比类，第二个是逻辑分类，第三个相当于逻辑功能（或逻辑论断），第四个，严格地说，不是一个逻辑范畴，但对于实用取向的墨家而言，它处在这个序列里并不奇怪。*

> * 墨家对知识的分类和获取知识方式的分析，体现了与先秦其他学派的共性，就是知行合一。

墨家还提出了命题（statement）的七种方式，或者说由命题形式衍生而出的七类证明。

对于这个主题如此简略的讨论并不能显示墨家理论的广度和深度，不过也足以显示了墨子门徒对于辩论工具的磨砺强度，他们以此为先师的思想辩护，以获得语言世界的澄明秩序。

惠施与公孙龙的诡辩术

在所有名家和辩士中，最为人所知的是同时代的惠施（也被称为惠子，公元前380—公元前305）和公孙龙。现存一部《公孙龙子》，里面讹错甚多，不过其中的二十一个悖论以及"白

---

[1]　"所以谓，名也。所谓，实也。名实耦，合也。志行，为也。"（《墨子·经说上》）——译注

马非马"等讨论应该是出自公孙龙[1]。惠施的十个悖论[2]以及
其他归在其名下的命题都见于《庄子》，但惠施自己关于这些

90   命题的论证却佚失了。两个人的悖论都由一些看似矛盾的命
题组成，这很像古希腊爱利亚学派的哲人芝诺提出的那些悖
论（这种相似真匪夷所思），但二者并没有共同的来源。

公孙龙：

1. 镞矢之疾，而有不行不止之时。

2. 一尺之捶，日取其半，万世不竭。

芝诺：

1. 飞矢不动。

2. 要通过任何距离，一个物体总要先通过这段距离
的中点，而开始处与中点之间也有中点，以此类推，无
穷无尽。

悖论是辩士们最显著、最有用的工具，在中国古代有很
长的历史。这些辩士的悖论就像希腊哲人的一样，虽然出人
意料，但无论辩得多巧妙，它们所依据的仍然是那些自明的

----

[1] 这是中国古代著名的诡辩论题之一，用以淆乱对手关于"白""马"等概念的
外延。——译注

[2] 即"历物十事"（《庄子·天下》）。——译注

常识。相反，像《易经》和道家哲人所使用的著名悖论却没
这么容易处理了。

　　然而，作为现代人对中国古代哲学思想进行研究的一个
主题，惠施和公孙龙的悖论和思想运动吸引了众多严肃的关
注。它们不是辩士们的伎俩，而是显示了他们在构造形而上
和伦理的系统。例如，惠施的第十个悖论：泛爱万物，天地
一体（《庄子·天下》）——提出了墨家的兼爱学说，以及道家的
齐物思想，同时也透露出一种神秘的一元论。

　　惠施和公孙龙都阐发了这种观点：只有一个绵延不绝、
无限无分、变易不辍的时间和空间，所有对这个宇宙的觉知
都跟觉知者相关，这使许多关于觉知到的事物的常识命题都
是相对的。这种思想不是道家的，因为道家不相信辩论可以
澄清相对主义者的混淆，达到一个坚实的基础，在此基础上
可以得到关于对象的可证明的知识。

　　惠施和公孙龙的哲学可能还有更多样的方面。惠施曾和
庄子辩论，他们显然对此非常热衷，他们对于当时的一些基　　91
本的哲学问题有着针尖对麦芒的见解。但是我们要想将惠施
大部分缺失的理论填补起来实在太困难了，还不如依靠假设
重建他以及其他逻辑学家的哲学系统，来考察他们对解决认
识论问题做出了哪些贡献。

　　在惠施所看重的、被归于"天下之辩士"（《庄子》）名下的

二十一个悖论中，《公孙龙子》（我们并不确知作者是谁）只描述了两个：火不热；目不见。

对"火不热"的讨论提出了关于对象"火"的一个重要的知识论概念，以及火与热之间的关系。火的存在是普遍的（universal），不依赖我们的感觉，而热是主观的，只存在于我们的感官中，是我们意识的表述，而不是火本身的性质。

"目不见"给墨家的知识过程的三要素分析又增加了第四个要素，《公孙龙子》中有这样的讨论：

> 且犹白——以目、以火见。而火不见，则火与目不见，而神见。神不见，而见离。（《公孙龙子·坚白论》）

这里有四个要素：白、目、火、神，对于"看"这一行为都是缺一不可的。这里提出的新要素是光[1]，其余三个墨家都已经考虑到了。

这些逻辑学家展示了他们的认识论分析，使其发现了事物及其属性的问题。他们的出发点和他们对待问题的态度和英国经验主义不同，我们可能会用霍布斯和休谟的一些思想

---

[1]　即火，古代唯一的照明工具。没有光，即使有眼睛、有对象、有意识，人也看不见什么。——译注

来解读中国古代的知识理论。惠施发展出一些重要的思想，但他的同代评价他，他只是喜欢驳难对手，而不亮出自己完整的观点。不论这是否属实，其他哲人都没有在此基础上继续前行发展出系统的知识论和本体论，这的确是奇怪、遗憾的事情。之所以没人这样做，部分原因要归于庄子和后来的荀子。不论这些哲学本身有什么样的客观价值，庄子和荀子的回应非常有效地影响了中国人，是他们不去推崇、重视这条思路。

92

庄子善辩而不好辩

庄子，论其机智敏锐，与惠施不相伯仲。但不同之处在于，他相信他对一些事情的看法对于别人很有意义，他相信人们能够得到更确然的知识，而且这种知识跟五官基本无关，在能知与所知的二元（dichotomy）框架中，对于外物的意识也不可能得到这种知识。因此他转换了问题，他不问：我们何以知道某事某物？他问：人何以确知万事万物（或者何以确信一无所知）。

他为人何以能知的讨论增加了一个维度。他称之为"灵明"（light of reason），这个词从墨者和辩士"火"的用法（人们藉此才能看见事物）中来。但庄子的灵明并非是眼睛所能见到的光，也不是其他哲人所说的推理的理性*，而是道。

* 即墨家所说的"神"，意识的反思功能。

在庄子看来，真知并非从人们的心智反思感官经验中来，也非从心智赋予感官印象的模式和意义中来，而是从顿然的光亮中来，在这光照中，知者、所知、大道重新归而为一。*在这种神秘体验中，知者与所知合而为一，或说意识到二者的本然一体。

因此，庄子说，此与彼、名与事物属性的定义区分，等等，都在误导人们。分别与限定使更高的知识支离破碎，所有辩士的悖论都不过是争辩这些定限的陷阱，辩士用这些伎俩能淆乱常人，但对于道家哲人，不过是巧言诡辩而已。庄子和其他道家哲人也讲悖论，但目的和立场截然不同。

惠施和庄子有些观之略似的段落：

惠施：天与地卑，山与泽平。

庄子：天下莫大于秋毫之末，而大山为小。

惠施：日方中方睨，物方死方生。

庄子：彼是方生之说也，虽然，方生方死，方死方生。

惠施：泛爱万物，天地一体也。

93

庄子：天地与我并生,而万物与我为一。

（《庄子·齐物论》）

由这些段落可见，惠施的目的更普通，就是通过熟练地操作语词和意义，来挑战我们的常识。而庄子的目的则是心理学上的，激荡常人的想象，质疑客观的知识，他说服人们转换思路，就能获得更明澈的知识。我们或许认为这对中国思想是一种损害，*因为哲学由此便偏离了发展纯粹理智工具来验证命题的道路，而是朝向另外一条全然主观的道路来寻找真知（certainty）。但在这个主题上，先秦思想家中最后致献的人，不是庄子而是荀子。荀子虽然也批评庄子的主观唯心，但他没有强化客观和经验的知识论。

荀子对儒家名实论的总结

荀子是他所处的时代儒家思想的代言者，他要揭露辩者们诡辩的荒谬，同时也要批判庄子漠视社会的道家论点。他在知识论上，将孔子的正名思想发展成形式逻辑和知识论中一个重要的概念。

荀子考察并接受了关于知识行为的四要素分析，即我们已经说过的：白、目、火、神。但荀子又增加了一些因素，并且提出了一种新的，类似于康德所说的统觉（apperception）的能力，也就是心灵意识到自身，并将自身作为一个认知的

* 但哲学一旦发展成纯粹的理智工具，也就走上了追逐外物之路，远离身心一体的完整自我，成为科学的一部分，而不再关乎灵性，这或许反倒是西方哲学的一种疾病。

94

对象[1]。墨家说："知，接也"（《墨子·经说上》），意思就是心灵必须反思或对感官有所反应，才能产生知识。荀子进一步提炼这个观点，他说虽然感官可以提供这种"接"，不过还有其他条件也在同时作用于知识的发生。心灵是进行分类区别的主体，心灵将印象（impressions）进行分类，在印象中进行区别，这种精确区分的能力就构成了真知。

因此，荀子发展出一套和这种区分相关的系统的术语学，从最一般到最特殊的分类。他建立了判断这种分类的精确性的标准之后，继续分析了许多心理因素，这些心理因素决定了心灵是在何种意向中获取知识。感官的些许恍惚都会影响认识的质量，基于成见的感情因素会扭曲感觉和辨别，这是认识论心理学探索的伟大开始。一般的中国思想，尤其典型的是儒家思想，对心理方面非常敏感，不过同样典型的是，儒者们认为只有作为实践的哲学（如儒家的教育）才重要，而作为对知识论的一种抽象研究，儒家并未更进一步。

不过荀子相信术语的用处，相信术语对于表述思想非常重要，所以他没有援引庄子的相对主义和主观主义，而是独立地回应了惠施的逻辑难题。

---

[1] "心有徵知。徵知则缘耳而知声可也，缘目而知形可也，然而徵知必将待天官之当薄其类然后可也。五官薄之而不知，心徵之而无说。"（《荀子·正名》）——译注

　　作为一个儒者、一个系统而明晰的哲人，荀子认为相对主义在伦理问题上是令人生厌的节外生枝，维持差异的首要性是非常必要的[1]。

　　作为一个文化哲学家，荀子认为名和术语是人类最伟大最核心的创造之一。

　　荀子从来没有把言语（logos）等同于上帝。他说，言显示了人类最为实用、最为智慧的一面；言只是人们随机发明出来的，除了人们共同协定的意义之外，没有任何意义；是社会的一致认可赋予了言辞的用处和对错，在名与实之间没有必然的联系。因此，诸如"山渊平"（《荀子·正名》）之类的悖论只是辩士在挑衅社会惯例而已，而不是证明了什么新见解。荀子用自己的术语体系回应了辩士们狡猾的诡辩，荀子将其术语从最普遍到最个别分出许多层次，将所有误用名（name）的错谬分为三类[2]。通过这一程式，他得心应手地解决了人类的理性在理解知识时遭遇的各种悖谬。他认为人们无须另求别的道路了。

---

[1]　"知异实者之异名也，故使异实者莫不异名也，不可乱也，犹使异实者莫不同名也。"（《荀子·正名》）——译注

[2]　"'见侮不辱''圣人不爱己''杀盗非杀人也'，此惑於用名以乱名者也。验之所以为有名而观其孰行，则能禁之矣。'山渊平''情欲寡''刍豢不加甘，大钟不加乐'，此惑於用实以乱名者也，验之所缘无以同异而观其孰调，则能禁之矣。'非而谒楹有牛，马非马也'此惑於用名以乱实者也。"（《荀子·正名》）——译注

中国知识论的意义

如果纵观所有其他黄金时代的哲学，我们会发现其中大多数都有对社会秩序问题的现实关注、对人性理论的建构尝试、对某种生活方式的哲学辩护。我们会发现这些，但是我们却很少发现对思考本身的思考。很显然，中国缺乏构造抽象哲学理论的"纯粹哲学家"。但是我们对墨家和辩士的考察显示了中国古代的一些哲人思考过逻辑的规范问题，而且有能力用相当先进、精致的方式处理知识论问题的能力。这种能力没有得以延续，反映了中国人的选择。

中国思想有其特别的模式，与古希腊、古印度以及其他早期哲学传统不同，是什么导致了中国的这种特殊性？是中国与其他文明在宇宙论上的巨大鸿沟吗（见第二章）？它能作为一个完整的、充分的解释来回答这种独特性包含的其他深入问题吗？宇宙论鸿沟本身是否也是文化整体的一部分，其差异（或曰中国性，Chineseness）是否需要更本底的解释？

从处理知识问题中，我们可以看到中国思想的特殊模式及其相关的中国思想史的其他特点。

许多学者提及过，有人试图在中西思想史比较的基础上将这种解释范式化（formulate）。李约瑟发现中国古代数学和天文学所采用的方法跟西方大相径庭（在科学程度上并不必然比西方低）。中国数学在开始时就更代数化，而希腊则更几何化。中国的天文学在概念和方法上以经纬坐标为主，而西方则建立于黄道坐标基础上。艾博华（Wolfram Eberhard）援引李约瑟说："如果中国的天文学基本上是经验的、观察的（就如中国的其他科学一样），那么它就避免了西方理论化过程中的冗余、偏谬，还有——成功！"[1]

我们或许可以看出来，古希腊在认识论和形而上学方面的发展肇始于先前他们对数学的兴趣。比苏格拉底早一个半世纪的毕达哥拉斯就是一个代表。而中国对数学的兴趣蓬勃于汉朝，这比哲学的黄金时代晚了几个世纪，此时思想模式多少已经定型了。

所以在数学与哲学的相互影响方式上，中国和希腊正好相反，这一发现能说明一些问题吗？

波兰的中国思想史家赫米耶莱夫斯基（Januz Chmielewski）指出，中国古代逻辑专注于概念与意义的不一致，而作用相似但性质不同的是，古希腊的逻辑学家则只专注于概念的一致性，就如在三段论中。

97

我在整本书中一直强调中国古代哲学诸派在洞察心理方面的敏锐，以及对心理因素的一致专注。这种被推而广之的

---

[1] 引自艾博华给李约瑟写的书评，见于*Journal of Asian Studies 19*，1959，p.65。

洞察展示了中国思想的独特性。但是这个结论是怎么解释这种独特性的呢，它跟中国人对哲学的实践、应用方面的热衷有关系吗？（与之相反，西方哲学更热衷理论化的道路）

对于中国思想何以特别，我们无法给出一个普遍、完全让人满意的解释。中国所有的思想流派都对嗜用辩论展开的知识论方面的纯粹思考心存怀疑（理论总是与争辩形影不离吗？），这一事实肯定对知识领域的探索造成了巨大的威慑，形成的阻滞明显地影响了中国思想的面貌。同时，对讨论理论的冷淡揭示了中国古代思想世界的心灵特征。就这个模式而言，我们可以说孔子的正名学说只有伦理的，而没有理论的、认识论的目的。

与此类似，后世的思想家对那些当下不实用的关注都是拒斥的。庄子说："由天地之道观惠施之能，其犹一蚊一虻之劳者也。其于物也何庸！"（《庄子·天下》）荀子在锤炼思维工具方面比其他儒者都走得更远，然而他也说惠施的学说"不法先王，不是礼义，而好治怪说，玩琦辞，甚察而不惠，辩而无用，多事而寡功，不可以为治纲纪"（《荀子·非十二子》）。荀子断言，惠施是"蔽於辞而不知实"（《荀子·解蔽》）。公元前2世纪的史家司马谈对道家思想颇有同契，不像正统儒家那样不折不扣地坚持实用思维，但他也抱怨惠施"专决于名，而失人情"。公元2世纪的大儒和史家班固赞同正名的重要

性，正名的努力始于孔子，不过他又说，当对名的思考成了
争辩，只会造成分裂和混乱。在他看来（一如后来的儒家），任　98
何哲学里，秩序和实际的社会利益都比追寻抽象的真理更
重要。

　　从知识论问题的回顾中，我们可以明确地推论出：其
一，一个文明其文化价值是和思想的历史密不可分的；其
二，在现阶段基于我们对中国古代的知识，我们能描述的
远比我们能解释的要多，她的模式已然明了，但成因尚付
阙如。

大航海之后，世界各地的物种刺激了西方博物学和科学的快速发展

莱布尼茨向贵族们讲解哲学和科学

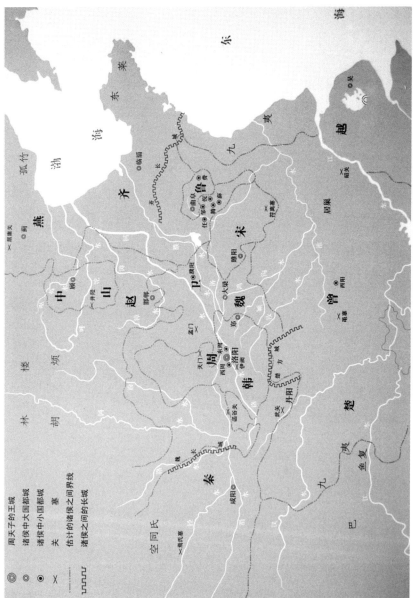

战国形势图

第七章　帝国的缔造

法家的成与败

秦国的崛起和遽灭跟秦国的统治理念有必然的关系吗?

秦始皇在西方人眼里是恺撒式的英雄,为何在中国文化中成了被主流价值诅咒的恶魔?

主导秦国理念的法家思想是如何发展起来的,荀子的哲学是秦的严刑峻法的源头吗?

秦国到底是不是一个帝国,或者进而言之,中国历史上真的存在帝国吗?

对于很多阅读中国历史的人，包括中国人自己，过去一百年的中国跟公元前3世纪很相似，这让人感到惴惴不安。

* 20世纪上半叶与公元前3世纪的中国，最大的共同点是割据与战乱。

在公元前3世纪，正值战国时期的终结，但这个终结并不令人欢欣，虽然政治上统一了，但人们却遭受着最严峻的统治。

在反抗和镇压中，这个古老文明的价值行将荡涤殆尽。一个世纪的混乱呼唤着一个政治运动。*（一个将不可战胜的军力和争取人心的技巧融而为一的政治运动）它将在中国历史上留下深刻的烙印。

* 秦的统一并没有征服原来六国的人心，所以人们期待一个新的王者取秦而代之。

公元前221年，一个全新的王朝秦朝建立起来，整个社会和政治结构发生了根本的变化。国家对文化生活的控制空前地深入、细密。对经济也进行了有力的规划。强行推广文字改革，统一文字，划一度量衡和货币，车同轨、路同宽，大规模征调人民建造巨大工程。

用这些令人生畏的相似之事比照当下，一些人安慰说秦朝很短暂；另一些人则沮丧地说，秦朝虽短但对中国的改变却是深远的；最后，还有人分析说，两千年前的政治事件无

100

法和今天的相类比，不论其间有多么相似。同理，中国的历史和其他民族的历史也不能这样类比。

诚然，中国文明展示了一种举世无双的连续性，但文化层次、社会结构、政府的形式和功能、变革的程度与幅度，甚至是人们对政府的期待，在过去的两千二百年中都发生了剧烈的转变。或许在这些变数中唯一连贯的只有人性本身，甚至这一点也很难说明是真实无疑的。我们必须要做比较，因为历史本身就是可比较的，但对这些比较进行仔细考察，就发现这些比较所隐含的那些重要的类比是很成问题的。当我们谈到秦朝的时候，不要将其作为今天的寓言。秦朝的实践有助于我们理解今日中国其实亦是秦朝的组成部分，而非秦朝悠长的阴影。

秦朝的制度革新对于中国历史非常重要，所创造的基本样式被后来的新王朝不断沿用。秦政府是中国历史上第一个中央集权的行政体系，其建立和维持中央集权的官僚行政体系的尝试，建立在秦国（作为一个诸侯国）仅一个世纪的经验上，但这些政治上的创新却一直伴随、反映着中国最根本的社会变化。中国正处在一个节点上，从一个封闭的等级社会和农民束缚制度，转向自由拥有土地、没有世袭特权精英阶层的社会。秦国以及后来的秦朝大大加速了这一社会进程，最先在其国内正式缔造了这种社会，并在此后推及华夏文化

秦陵兵马俑

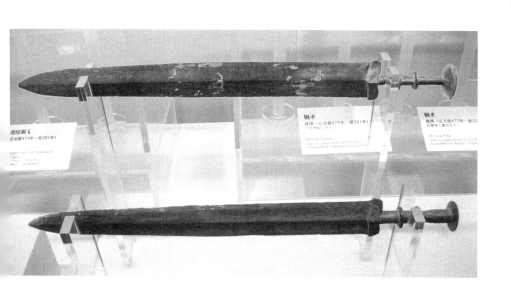

秦代的青铜剑

秦代蟠螭纹大鼎

西周时期秦公鼎

区域。秦国顺应了当时结束分裂、四海归一的普遍期望（理论上说诸国都是千年前西周的臣子），秦国的实际政治成就在中国历史上确实是全新的。后世的政府再也没有面对秦国所面对的问题、采取秦国所采取的方式。因此秦国短暂的兴衰中，主导其政治进程的内力因素具有重要的历史特殊性。

我们拿秦的历史的特征来比附晚近的中国历史，讲述给学生，这诚然有趣，但是如果只是说，秦国的施政极其严酷、其治国理念不容于圣贤传统和人之常情，所以被忍无可忍的民众颠覆——这只不过是罗列了秦国制度的一些表层的、描述性的特点（尽管也符合事实）。

我们不能定然推出：秦国的制度与其灭亡有什么必然的关联，或仅以其制度来解释秦的兴衰。二者之间的关系还没有分析清楚，其间的因果关系也还未印证。

最有趣的是，将秦和现在进行表面的对比，忽略了观念和制度渊源的问题。秦国的政治系统完全是中国文明的产物，这和孔孟、道家、墨家以及其他诸子百家并无不同。尽管秦的政府和军事组织形式曾受到西北毗邻蛮族的显著影响（这是秦国的崛起和权力继承中重要的地缘因素），但其政治是中国文明回应这些条件（与西北蛮族的关系）的产物，而非舶自中国文明之外。中国文明两千多年来，若不算佛教的元素，基本上是一个内部衍化的文明。* 她不断地自我衍生出新的文化和制

*中亚和北亚文明对中国文明的深刻影响已改变了内部衍化这种看法。

度相混合的基本要素。

但自从19世纪以来，中国的一元文化遭到了不可避免的打击，中国成了世界思想潮流的容器。今天中国思想和文化上很多因素都是外来的，这对于解释这些因素的本质是最为重要的，这也使中国的古今比照更为复杂了。

让我们把这个问题暂且放下，而是聚焦于法家的历史背景。中国的帝国恰是凭借法家学说得以铸就的。我们力图了解法家是如何被先秦反对峻法（legalistic）的人道主义传统思想所催生的。秦政治和文化系统的一个惊人之处就是，它狭窄、严格地遵循法家的、国家主义的方式，露骨地否定人文的价值，坚定不移地鄙视那些曾备受崇敬的传统。

我们到哪里去寻找这些"非中国"（un-Chinese）元素的根源？"非中国"这个词是否需要检验？事实上，秦朝的系统中没有哪个要素不是中国文化本身固有的，"非中国"这个词也反映了中国人对秦政不变的评价。秦，这个"非中国"的异类代表了中国人公开厌恶的一切东西，儒家的圣贤传统已经指明了什么是值得追求的，什么是应该鄙弃的。圣贤传统有它的生命力，保证其不断更迭的理想始终对中国人有意义，秦的过失（这成了汉代论及政治和社会的文章中最喜欢的主题）也是圣贤传统可以借用的一个例子，在观念的层次上，秦朝的法家理想是中国文化中令人唾弃的谬种。没有哪个哲人、政治家、暴君公开赞成秦国的国策和法家学说。然而秦国的制度缔造了统一的中华帝国，不可能彻底否弃秦而不保留统一国家的结构基础。

所以秦之后两千年的帝国历史中，朝廷实际上已经十分习惯、适应了一种两难：成为一种不能公开声明、公开捍卫的存在。其他民族的历史中尚未发现有与之可以比照的两难。我们必须认识到这一两难的存在既能解释秦的崛起完全符合中国的本性（chinese nature），也廓清了诸如"儒家帝国""儒邦"这些字眼的局限和矛盾。中国文明不能完全等同于儒家的，尽管儒家思想是中国思想和文化生活的主流正脉。然而帝国时代的制度却不是滋生于儒家的实践和理想模式（尽管，荀子开创的儒家支流已经努力适应帝国的现实）。中华帝国体系，其结构和观念，是现实与理想两种模式之间存在张力的一个例子。其主观理想上是儒家，而实际需要则是法家（根据我们的客观观察），儒家的浅层影响对其有一定的矫正，其他思潮同样也施加了不同的影响。尽管经历了漫长的融合，儒家不断地将其理想进行扬弃、限定，折中其形式和力量，是以能屹立至今。当代的学者很难断言，这到底是明证了儒家致命的弱点，还是证明了儒家折中能力之顽强。不过，后一种似乎更有说服力。

整个帝国的早期，中国国家的雏形正在形成，众多的历史动力引发着文化的发展和制度的改进。问题必须要解决，政府必须适应新的现实，对此，战国时代的儒家和秦朝的法家都未曾预见到，也没有提供妥帖成熟的解决方案。不过儒家和他们的对手法家还是为后世持久的框架贡献良多，包括高远的理想以及配备这种理想的权术。伴随着这种交叉的目的，古代中国对自己历史的分析偏安于过分简单地强调理想的方面，理想与现实因素之间的关系、矛盾、对抗性的互动，在其自己的历史中都很难得到分析，也很难得到客观的认识。中国历史给我们展示了一个极其丰富、文献充沛、深有教益的景象，让我们正可以来研究这种问题。

法家的肇始

当我们回顾周朝各种类型的政权形式和措施时，我们会看到促进法家产生的几条线索。中国文明一直强调分析和完善施政方法的重要性，远在法家得名之前，政治技巧已经开始专门化。公元前8世纪中期，周室衰而诸侯强，治国术显然成了经营权力的根底。《论语》中，孔子多次哀叹说诸国的合法统治者只是徒在其位，而那些僭越的权臣才真正把持权柄。然而，发生这种情况的国家却最能扩张版图和势力，也更能在乱世中存续。

104

最好的例子就是公元前7世纪的齐国。齐国国君齐桓公（公元前683—前642年在位）举管仲为相，他是大名鼎鼎的治术之书《管子》的作者。管仲死于公元前645年，根据其他记述，这本书直到两三百年之后才成形，但其中很多部分所记录的政治思想是取材于较早的事件和境况。管仲是驭权治国的行家里手，他首创"霸道"，即所谓的尊王攘夷（Lord Protector），他的国君齐桓公最先实现了这一主张。所谓霸道，就是要想稳定中国之列国的政治和军事平衡，就有必要维持孱弱的周王的正统神权。这种平衡要求强化周王作为宗主的合法性，同时要求一个强有力的诸候国君以周王之名统摄列国。孔子后来对管仲的行为多有批评（这很自然），但就其大者而言，还是非常感怀他的建树，周室的地位得到支撑，中国的整一得以加强，文化价值得以庇护。

孟子则明确地与孔子有所分歧，他抨击尊王攘夷系统的强权政治。孟子提出了由"真正"的君主统治的政治理想，* 即王道，王道依靠的是以德服人。孟子坚决否定霸道所使用的武力有任何合法性。孟子的这些概念和观念被纳入到后世儒家政治的概念体系中。管仲后来成了儒家反对的典型，这反映了儒者们争论的范围和实质，早期儒家比后来的儒者们政治思想更具复杂性。

在《管子》成书之前，管仲就已经成了强权寡头政府的

* 可见孔子在政治上比孟子更着眼大局，或说更在乎结果，而非动机，更具策略和灵活性。

样板，因此他也被跟孕育法家的传统联系起来。他的政策也
在很多重要方面开了法家的先声。

第一，他公开倡导政府制定成文法，为此，他力避不能符合先周传统和伦理规范的任何极端条文。他仰慕《周礼》[1]中记载的古代的天则（heavenly norms），这和孔子所为一样，他们都认识到天则与人性的一致。但是管仲认为，这些治国之术的古代根基需要辅以清晰的法律和规定。

第二，管仲还接受了获得民心与政府效率的关系，但他更倾向于抬高君主的权威和力量，以此强大其国家。他强调的重点从万民的利益转移到国家的力量上，最终标志着儒家和法家政治理论之间不可弥合的裂痕。管仲走得更远，他说国君的品质无关紧要，重要的是他的意志能得到很好的贯彻。急剧增长的国家力量开始具有了非道德主义的色彩（amoralism），这也是后来法家的特征。治国术以国家权力为目标，于是人民成了首要的资源。早在商朝和初周的青铜器上就屡有"恤民"的铭文，告诫所有受封的诸侯。这种重视人力的古代认识被儒家传统理想化为人民的福祉对君主事关重大。不过管仲的观点少了这种仁爱的成分，大国需要众多的人口，强力政治中，人民是成就政治力量的物质资源。

105

---

[1]　《周礼》作为成书，在先秦典籍中并未出现。

　　第三，管仲创造了一些措施来规范人民的生活方式，实施更有效的控制，甚至尝试了统一人们的生活习俗。他要竭力确保人民的力量可以安全地动员调集，人民在其日常生活中不会浪费时间、精力和物资。

　　第四，除了这些使国家在组织和军力上更强大的努力之外，管仲还进行了全面彻底的改革来增加国家财富。管仲让国家垄断了日用品的生产和分配，如铁、盐、酒等等，在其他领域他同样试图提高生产的效率。

106 　　其他国家也尝试着改变政府形式，在人民日常生活中，强化国君的作用、增大国家利益的幅度。这些国家都不符合后来儒家最为推崇的国家的特征，所以对这些国家的事件的记载就不如鲁国完整。鲁国其实是个并不重要的小邦，它的史书《春秋》却成了对周代中期最为详尽的记载。从中我们也能读到郑国和秦国在公元前7—公元前5世纪所推行的法条之片断。用法律代替《周礼》的传统似乎主要是在西方南方以及周王室的影响和传统熏陶相对较弱的地区。礼与法之间的张力在周朝中期列国的实践中已经露出端倪。只不过，儒家过滤了很多流传后世的文献和古代的观念，这阻碍了我们见识这些政治实践的丰富多样性。

　　另一个因素是法家自身的历史。在国家学说方面法家的立场是连贯一致的，法家主要是受了最为成功的秦国丞相商卿（又称商鞅、公孙鞅）的影响而产生的，从那时起，法家的国家理论开始有了清晰一致的观点。他成功地壮大了秦国，然而最终的回报却是被他的国君下令处死[1]。商鞅在公元前361到公元前338年担任秦相，他将秦国推上了通往富强的道路。最终在公元前221年秦朝得以建立。不论商鞅是否亲自写了当时出现的《商君书》，该书成了法家第一部有力的综述。在这部书里，各种高度专门化的治国术传统被法家不同程度地吸收，成了他们学派财富的一部分。这和儒家在成为一个哲学派别前，吸收大量文献和传统的做法是一样的。

近些年来，顾立雅（H.G.Creel）强烈地主张法家的先驱中，那些广为人知的权术家（这个学派的主要人物是申不害，卒于公元前337年），实际上跟后来法家的精神和理论少有共性。申不害关于政府的思想与儒家更相洽。不过，同样有趣的是，法家对申不害的学说加以利用，将其变成自身思想的一部分，后来儒家（儒家运用的利与弊的框架比较简单化）将申不害划入到诡诈的对手阵营中，一并加以彻底抨击。所以，虽然申不害并非是真正意义上的法家，但其影响还是远远延伸到以后的中国历史中。

107

---

[1] 处死商鞅的国君并非擢用他的秦孝公，而是秦惠王。《韩非子·和氏》"孝公行之，主以尊安，国以富强，八年而薨，商君车裂于秦。"——译注

　　法家的先行者（如商鞅）对其学说进行了规范的体系化：对"法"（明晰的规定和不可逃脱的惩罚）进行了广泛的探讨，而对"术"（官僚及其系统功能的规则）的探讨主要取自申不害。第三个被深入讨论的就是"势"（地位，趋势，在斗争中实现自己的力量），法家的这个理论承自慎到（卒于公元前275年）。

　　将这些理论和实践综合融会、集其大成的人是韩非（又称韩非子），他曾经是一个儒者，荀子的学生。这个错投师门的天才是历史上最令人印象深刻的政治思想家。他是韩国的公子，但他和他的理论却为秦国效力，因为法家的措施在秦国可以严格地推行。韩非如果可以自由地周游列国，并将为别国任用，将是秦国的巨大威胁，所以秦王和丞相合谋逼他自杀。

　　秦丞相李斯和韩非同为荀子门下的同窗，但他不是治国的理论家，而是法家手段的坚决执行者，是缔造中华帝国的设计师。而他的主上，秦王则是中国历史上的恶魔。他第一次筑起了法家设计的帝国殿阙，其基础是一百年前商鞅奠定的，而又辅之以韩非提炼的惊世骇俗的治国术。

　　法家思想不是一种哲学运动，它不关系真知，它不是对个体及其社会遭遇的反思，它不寻求能解释所有事实的普遍原则。

　　法家是一套国家运作的方法和原则，即便这个国家的思

想基础极为贫瘠。可以用一个词来表达法家对于其理论体系 108
的自满：有效。他们认为国家的目的就是国家本身，但并没
有解释何以如此。自相矛盾的是，韩非曾经提及运转高效的
国家的君主体现了道家所说的"无为则无不为"原则。但其
理论与哲学（还是被韩非粗暴变形的哲学）之间的这一丝微弱的关
联并不能建立法家自己的哲学。

　　法家的哲学根基建立在对社会—心理现象的精细、敏锐
的观察之上，是一套操控人的行为系统，使人们放弃个人的
自然利趣而服务于国家。法家对于不能施用的东西没有兴趣
深思，如宇宙论、形而上学等。法家思想的根基要比理性更
有力，所以法家也不珍爱逻辑。法家主宰的国家乐于看见人
们的生活井然有序、循习章法、无损于国家利益、无违于君
权的范围。*

　　这种思想体系为什么能将一代智识精英揽于麾下？

　　法家跟其他学派共有一个无上的关切：乱世中如何求
安顿？这个切合时宜的动因使人们急切地向往去完善政治工
具，而非诉诸道德、传统、哲学的精妙。法家创造的著作在
广度和剖析的深度上是不匹配的。当法家思想在大范围内
推行时终于失败了，或许是因为其哲学太贫乏。它对人性的
理解实际上是一种愤世嫉俗，这同时也限制了它的应用。
即便是对那种通过利诱和威慑操控人们行为，所进行的最

*蚂蚁和蜜蜂
的社会大概
是昆虫版的
法家的理想
国。

精湛、敏锐的提炼也全盘失败了，它太算计、太狭隘，以至于无法理解人的心灵中所有的奥秘（先抛开驭人之术不谈）。法家提出了组织庞大的国家政权机器以及把这个国家统一成一个整齐划一、治理有效的整体（笼罩着可怕阴影的短暂成功）的现实手段。

秦的遽灭之后，法家在接下来的朝代取得了成功，法家的一些根本思想通过吸收更敏锐的（也就少了些机巧）人性哲学得以修正和综合，这种哲学就是当时的儒家传统。

在考察这种不可思议的融合（amalgam）之前，我们应该留意到秦之历史中的一些事件。

法家的实行

秦王嬴政已然成了中国历史上的恶魔。

我们很容易看出来，这个文明中的史家如此奇异地对待这个人，他在其他民族的历史中无疑是一个伟大的英雄。

嬴政统一中国，就好像和五六个剩下来的国家进行的比赛，他赢了——鲸吞了中周及以前的分封侯国系统的遗子。在整个战国期间，一种期冀（或说愿望）一直在滋长，那就是某国中将出现一个圣王，通过他过人的道德（如孟子所预言）或力量（如秦之法家所预言）、抑或兼有二者（如不偏断之人所希望

*纯粹的法家太腹黑，纯粹的儒家太傻白甜，所以都不能单纯推行，只好掺和，来白加黑式的"杂王霸"。

109

的），重新"恢复"政治上的统一、缔造和平、开创新纪。

会是东北的齐国吗？这里继承了管仲的国策和周的传统（保存于齐国的古代学术中心[1]）。

抑或是楚国，这个长江中游平原上的南方大国，地处边陲，继承了多元的文化，在中原的角力游戏中，它的重要性正与日俱增。

难道会是西北边陲乏爱少亲的秦国（天哪，不会吧）？遏秦的连横诸国会阻止这个灾难吗？

一个世纪里，主角们纷纷攘攘无休止地登台而后谢幕，每一代充满雄心睿智的人要么运筹帷幄，要么探究伦理，开宗立派，要么参与政事军事，充任僚幕客卿。

萌芽中的商人阶层靠军备物资和囤积居奇获利。

战争已经改换面目，军队长官为此殚精竭虑以应对大规模的军队调度、全方位的技术竞争、新的战争观，等等。

虽然战争不停地制造着残忍，但普通人在混乱的社会舞台上找到了释放才华的出口，找到了选择自己设计生活的自由，八百载周朝的结束是中国历史的巨大分水岭。

110

对历史之识见大多是事后聪明，我们不会明白公元前3世

---

[1]　即稷下学宫。——译注

纪中期的人何以会看错秦国最终胜利的那些明显征兆。

公元前246年，嬴政登上王位时还是个孩子，他在位36年，在这漫长的皇帝生涯中，先后有两个严格睿智的丞相辅佐他。国家主义的方针得以长期地维持和有效地贯彻。一个世纪前，商卿的工作已经结出硕果：严整的秩序、高度的效率、殷厚的财富、强悍的军力。除了朝廷内优秀臣僚的辅佐，嬴政还有伟大的将帅，如抗击中亚游牧民族、负责督建长城的蒙恬。敏锐的政治思想家韩非视秦国为上升之星辰，而李斯则甘于为雄才大略的秦王效命。

可是，当时的中国人大多溺于自身的情绪中，而没有那种超然、明智的观察力。

嬴政作为一个历史人物，对他的记载也零散不周全，所以很难评价他在这些重大事件中的作用。或许他个人所作的贡献很少，而只不过是一个国家象征性的君主。

我们知道他是一个活力极其充沛的人，据说他白天伏案治政、晚上纵欲无度，不过他发泄狂躁精力的渠道和他伟大功业之间的关联很可能也是偶然的。

让秦国最终成功的是运转精良的国家机器。嬴政在位的36年中，他见证了他的大军横扫六国。中原以及西部诸国在前230年后被一一剪灭，前224—前223年楚遭夷陵，前221年燕、代束手，同年最后负隅顽抗的齐国也被荡涤。

天下是他的了。

　　就在公元前221年，嬴政采纳了丞相的建议，自称为天下之"始皇帝"，*他的天下是指整个中原、直抵东海的"中国"区域。他使用的头衔是新的，是一个比周王和其他上古君长远为夸张自大的创造。此后一直到1911年，所有王朝的践承天命者（其间亦有两三个矫称冒用者）都袭用"皇帝"这一称号，这个目空一切的创制以后成了后世帝王最起码的要求。除了这个名号，更重要的是秦始皇在位时创设的其他基本形式和工具也都被沿用，秦始皇曾以此统治诞生不久的庞大国家。

111

*以前中国只有三皇五帝之说，嬴政第一次把皇和帝两种称号集于一身，这是史上第一次，故称"始"。

　　我们通常把他自命的这个新名号翻译成emperor，并且按照他自认的顺序，称其为First Emperor。统一的中国就在此时诞生了，并被称为中华帝国，以此区别于周朝和更早的国家。这一政治称谓一直沿用到1911年的辛亥共和。

　　周只是名义上的宗主，其臣属诸国起初或者是公国，或者是侯国（dukedoms，marquistates，这也是一种为人熟知的比附），战国时才纷纷自擢为王国（kingdoms）。

　　但对于中国历史，我们无论是用王国，还是帝国，都存在问题。

　　在西方，empire指的是一个通过军事征服统治他国领土的王国（kingdom），这些被统治的地区的人民有不同的传统、语言、文化。

峄山石刻

《史记》载秦始皇东巡时所刻，
称颂秦始皇一天下及封禅等"盛德"

秦杜虎符

这就是英国王国（English kingdom）与大英帝国（Britain Empire）之间的区别，也是中世纪的欧洲王国（kingdom）与神圣罗马帝国（Holy Roman Empire）之间的分野。即便是这些例子中，这些词的用法也跟最初的语义有所不同，罗马帝国（Roman *imperium*）的皇帝（*imperator*）实际上只是一个军事首脑。

类比常有不确，但这些误用却固定下来。

我们的判定（即称中国为empire），或许只在公元前221年秦统一之后才合适，从那以后，统治者们自认为尊于昔日的王，在一国之中，他们的权力也远超越之，为了适应他们的权威，形成了中央集权。

我们要记住最重要的区别，中国的皇帝（几乎没有例外）并不试图直接统治他们的文化和语言范围之外的异族人民，*也不设想"皇帝"这一称呼跳出了他们的民族历史。在其政令所及的地区，始终存在着文化上的统一性，政治管理依赖于文化上的统一。由于中国文字的特点，即使是方言和次生语言产生的差异，也会被彻底的语言统一性（在文字这一层面上）所消弥冲淡。

经由文化上的其他考察，包括对"中国人"的独特性和文化向心力（作为一个共同体）的自我意识，中国人的确属于一个民族。公元前221年政治上的全国统一，反映了中国历史中既已存在、并且将继续存在的这个事实。

* 周朝时按"王化"程度高低，分五服，蛮夷被置于最边缘的两服，后来在帝国的朝贡体系内，异族之国只须名义臣服，并不受直接统治。

112

用"中华帝国"称呼秦汉以及后来的王朝并不是指中国进入了一个扩张、征服非中国民族的时期，也不是说中国的统治跳出了传统的轨迹。[1]* 由秦之统一开始的"中华帝国"或"帝化中国"昭示了国家政治结构和方式的新时代，设定了此后两千年中国政治的道路。这没有对中国与周围非中国民族之间的关系发生什么特别的影响。

我们对秦始皇所知甚少，中国的史家对他在统一六国过程中所起的作用记载寥寥。他似乎不是一个恶魔，也不是法家所描述的"无为则无不为"的完美君主。他似乎是一个性情躁狂、勤政劳任、痴迷权力的怪人，他不停地巡行宇内、兴造长城、宫阙、驰道；同时他又轻信方术，痴迷长生。他的统治生涯充斥着欺诈、暴力、严刑峻法，留下了人们无法平息的仇恨，也激起掩盖了历史公平的怨恨。直到20世纪，一些激进的历史学家才为其所有的恶行翻案，* 他们认为是秦始皇缔造了伟大的事业、为中国的历史做出了不朽的贡献。但同时，他们提出的批评依然比赞颂多，可是秦始皇真的比

* 指章太严、柳翼谋。

[1] 一个重要的例外似乎就是清朝的帝国主义，清朝统治时间是1644—1911年，它曾以"中华帝国"的名义将统治延伸到中亚和西藏，并且成为这些地区的宗主（master）。但即使有这些例外，以及对"非中国"的周边地域的统治，但对中国文化区域之外的管理相对较弱，皇帝对这些地区的管涉也较轻简。

* 中央政府对"非中国"地区的统治在清之前并不罕见，如对朝鲜、越南的治理，元朝即在西藏设宣慰使司，明朝设有乌斯藏、朵甘两个都指挥使司等。——译注

113 恺撒或者拿破仑更像"魔鬼"吗?

答案似乎明白无疑，秦始皇只是被中国人依照他们自己的文化价值来评判的，这和其他文明判断英雄伟绩的标准十分不同。

公元前210年秦始皇死在风尘未消、仆从粼粼的巡视路上，空留下万千华丽的宫殿锦榻，时年刚逾五十，其死因是猝不及防的消化系统疾病，实际更有可能是劳累过度——这对一个据称"无为则无不为"的君主来说真是诡异的讽刺。

他宏大的陵墓位于都城的郊区（今西安东），深埋于地下数千年。他被安葬在地下的宫殿中，其上覆以封土，四周守护着陶俑军团。1974年，人们偶然发现了陵墓外围七千多件实物大小的士兵和战马雕塑，还配备有战车和青铜武器。这是近几十年来最重大的考古发现，让人们见识了秦国的力量和秦始皇气度的壮大。他的墓室最终将会被开启，里面的景象将会让我们重新看待他和他的时代。他的统治完成了历史上最伟大的征服，尽管完成统一后，他只活了十二年左右。

没有了秦始皇的驾驭，这个遵循法家的国家机器崩溃了。因而秦朝的法家特征被否弃了，法家的理论也彻底被抵制。根据法家的理论，只有依法治国，国家才能良好地运转，所有人都必须为君主效力。这个"万世长存"的王朝所剩无几的残年是对可敬的秦国盛时的效颦。一群阿谀奉承的臣小只关心可鄙的自身利益，操纵皇位的继承，杀死了胜任的太子，代之以一个蠢材，并将其扶上"秦二世"的帝座，又疏远了娴于操作国家机器的李斯。

王朝一旦失去了核心领导和认真推行的动力，它所宣称的法家的无可匹敌就成了人们心照不宣的伴装。

全国各地的郡县都揭竿而起，而后续的战争主要是在相互竞争的起义军之间展开，而非在秦军和起义军队之间。从公元前209年到公元前202年，经过这段局势相对明朗但仍有破坏性的战争岁月，秦朝彻底灭亡了，但其中央集权化的帝国依然作为新承天命者的奖赏，被整个攫取。在这场内战中，交锋的战线最后落在了是恢复秦之前的贵族社会，还是成就平民起义军所倾向的秦以后的新世道。* 后者的胜利是偶然的，并非是历史的必然。

之后，汉朝继承了秦朝，延续了四百年。纵观中国文明之历史，是汉朝奠定了帝国真正的基础。

114

* 即是诸侯分封制还是君主专制。

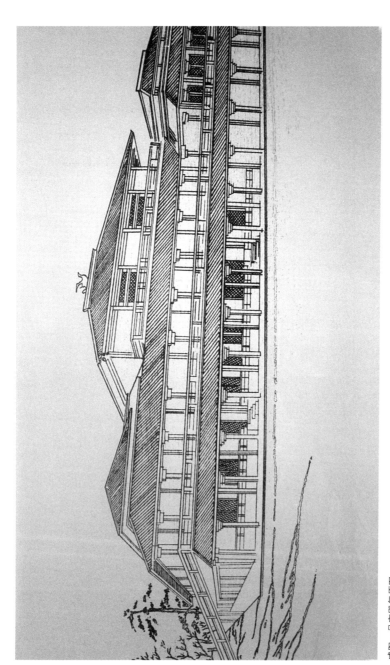

咸阳一号宫殿复原图

阿房宫遗址出土的瓦当

秦陵出土的铜车马

倾倒散乱的兵俑透露了秦帝国崩溃时，
曾经威严如山的秦王的安寝之地，也没有躲过六国故民的怒火

参考文献

全书参考的文献

陈荣捷(Chan，Wing-tsit)，*A Source Book in Chinese Philosophy*. Princeton，N. J. : Princeton University Press，1963. Meticulous translations; insightful comment; the indispensable handbook for students of Chinese thought from the beginnings to the present.

萧公权(Hsiao，Kung-chuan)，*A History of Chinese Political Thought*，Volume 1，*From the Beginnings to the Sixth Century* A. D. Translated into English by F. W. Mote. Princeton，N. J. : Princeton University Press，1979. Much Chinese philosophy developed within the focus of political thought，hence the centrality of this work to the study of China's early intellectual history.

史华慈(Schwartz，Benjamin I.)，*The World of Thought in Ancient China*. Cambridge，Mass. : Belknap Press of Harvard University Press，1985. Stimulating reflections on Chinese philosophical concerns by a scholar whose profound cultivation in Western intellectual traditions gives this work its special character.

各章参考的文献

第一章　历史的开端　寻找“中国”

张光直(Chang，Kwang-chih)，*The Archeology of Ancient China*. 4th ed.

New Haven, Conn.： Yale University Press. 1986.

郑德坤(Cheng Te-k'un), *Archeology in China*. Vol. 1, *Prehistoric China*. Supplement to Vol. 1, *New Light on Prehistoric China*. Vol. 2, *Shang China*. Vol. 3, *Chou China*. Toronto： University of Toronto Press. 1961-1964.

顾立雅(Creel, H. G.), *The Birth of China： A Survey of the Formative Period of Chinese Civilization*. 1936. Reprint. New York： Ungar, 1954.

葛德石(Cressey, George B.), *The Land of the Five Hundred Million： A Geography of China*. New York： McGraw-Hill. 1955.

何炳棣(Ho P. T.), "The Loess and the Origin of Chinese Agriculture." *American Historical Review* 75 (October 1969)： 1-36.

吉德炜(Keightley, David N.), *The Origins of Chinese Civilization*. Berkeley, Calif.： University of California Press, 1983.

李济(Li Chi), *The Beginnings of Chinese Civilization*. Seattle, Wash.： University of Washington Press, 1957.

薛爱华(Schafer, Edward H.), *Ancient China*. New York： Time-Life Books, 1967.

Watson, William. *Early Civilization in China*. New York： McGraw-Hill, 1966.

第二章　世界观的开始　没有创世与造物主

Bloom, Allan. *The Closing of the American Mind*. New York： Simon & Schuster, 1987.

卜德 (Bodde, Derk), "Myths of Ancient China." In *Mythologies of the Ancient World*, edited by S. N. Kramer. New York： Doubleday, Anchor Books. 1961.

Bradie, Michael. "Recent Developments in the Physics of Time and General Cosmology." *Journal of Chinese Philosophy 12* (December 1985)： 370-95.

这篇文章并非专门关于中国，不过与本章相参阅是颇有裨益的。

何丙郁（Ho Pen Yoke），*Li，Qi and Shu：An Introduction to Science and Civilization in China*. Hong Kong：University of Hong Kong Press，1985. An introduction to Needham（below），focusing on the fundamental concepts of mathematics，astronomy，and alchemy in early China.

I Ching（《易经》），or *Book of Changes*. Translated into English by Cary F. Baynes from the German translation of Richard Wilhelm. Foreword by Carl Jung. Prefaces by Richard and Hellmut Wilhelm. Bollingen Series，vol. 19. Princeton，N. J.：Princeton University Press，1967.

理雅各（Legge，James），trans. *The Chinese Classics*. 5 vols. Reprint. Hong Kong：University of Hong Kong Press，1960.

李约瑟，王铃（Needham，Joseph，and Wang Ling），*Science and Civilization in China*. 16 vols. to date. Cambridge：Cambridge University Press，1954 年开始陆续出版. See especially Vol. 2.

薛爱华（Schafer，Edward H. ），"The Idea of Created Nature in T'ang Literature." *Philosophy East and West* 15（April 1965）：153-160.

席文（Sivin，Nathan），"Chinese Conceptions of Time." *The Earlham Review* 1（Fall 1966）：83-92.

卫德明（Wilhelm，Hellmut），*Change：Eight Lectures on the I Ching*. Translated by Cary F. Baynes. Bollingen Series，vol. 62. Princeton，N. J.：Princeton University Press，1960.

第三章　先秦儒家　百代正脉

顾立雅（Creel，H. G. ），*Confucius and the Chinese Way*. New York：Harper，1960.

萧公权（Hsiao K. C. ），*A History of Chinese Political Thought*. English Edition. Princeton，N. J.：Princeton University Press，1979.

刘殿爵（Lau，D. C. ），*The Analects*（《论语》）. London：Penguin，1979.

刘殿爵（Lau，D. C.），*Mencius*（《孟子》）. London：Penguin，1970.

理雅各（Legge，James），trans. *The Chinese Classics*. 5 vols. Reprint. Hong Kong：University of Hong Kong Press，1960.

瑞恰慈（Richards，I. A.），*Mencius on the Mind*. London：Kegan Paul，1932.

杜维明（Tu Wei-ming），*Centrality and Commonality：An Essay on Chung-yung*. Honolulu，Hawaii：University Press of Hawaii，1976.

杜维明（Tu Wei-ming），*Confucian Thought：Selfhood as Creative Transformation*. Albany. N. Y.：State University Press of New York. 1985.

魏礼（Waley，Arthur），trans. *The Analects of Confucius*. London：Allen and Unwin. 1938.

魏礼（Waley，Arthur），*Three Ways of Thought in Ancient China*. Reprint. Garden City，N. Y.：Doubleday Anchor Books，1956.

华兹生（Watson，Burton），trans. *Hsün Tzu：Basic Writings*. New York：Colambia University Press，1963.

第四章　先秦道家　高蹈的支流

Translations of the *Tao Te Ching*（《道德经》的诸译本）：

陈荣捷（Chan W. T.），*The Way of Lao Tzu*. New York：Macmillan，1963.

戴闻达（Duyvendak，J. J. L.），*Tao Te Ching：The Book of the Way and Its Virtue*. London：John Murray，1954.

刘殿爵（Lau，D. C.），*Tao Te Ching*. London：Penguin，1963.

刘殿爵（Lau，D. C.），*Tao Te Ching*. Hong Kong：Chinese University Press，1982. 包括了基于马王堆帛书的翻译和与王弼的通行本的比较。

林保罗（Lin，Paul J.），*A Translation of Lao Tzu's Tao Te Ching and Wang Pi's Commentary*. Center for Chinese Studies，Ann Arbor，Mich.：University of Michigan Press，1977. 翻译了早期各种注本中的要点并与马王堆帛书版本进行比较。

林语堂（Lin Yutang），*The Wisdom of Laotse*. New York：Modern Library，1948.

魏礼（Waley，Arthur），*The Way and Its Power：A Study of the Tao Te Ching and Its Place in Chinese Thought*. Reprint. New York：Grove Press，1958.

B. Translations of the *Chuang Tzu*（《庄子》的诸译本）：

冯友兰（Fung Yu-lan），*Chuang Tzu*. Reprint. New York：Paragon，1964.

魏礼（Waley，Arthur），*Three Ways of Thought in Ancient China*. Garden City，N. Y.：Doubleday Anchor Books，1956.

华兹生（Watson，Burton），trans. *The Complete Works of Chuang Tzu*. New York：Columbia University Press，1968.

_____. *Chuang Tzu：Basic Writings*. New York：Columbia University Press，1964.

C. Other Works：

张钟元（Chang Chung-yuan），*Creativity and Taoism*. New York：Julian Press，1963.

顾立雅（Creel，H. G.），"On the Opening Words of the Lao-tzu." *Journal of Chinese Philosophy* 10（December 1983）：299-329. 该书是关于《道德经》及道家整体问题的精湛讨论。

Kaltenmark，Max. *Lao Tzu and Taoism*. Translated by Roger Greaves. Stanford，Calif.：Stanford University Press，1969.

Welch，Holmes. *The Parting of the Way：Lao Tzu and the Taoist Movement*. Boston：Beacon Press，1957.

第五章 墨家 哲人、军人、教徒

梅贻宝（Mei Y. P.），trans. *The Ethical and Political Works of Morse*. London：Probsthain，1929.

梅贻宝（Mei Y. P.），*Motse，the Neglected Rival of Confucius*. London: Probsthain，1934.

魏礼（Waley，Arthur），*Three Ways of Thought in Ancient China*. Reprint. Garden City，N. Y.：Doubleday Anchor Books，1956.

华兹生（Watson，Burton），trans. *Mo Tzu：The Basic Writings*. New York: Columbia University Press，1963.

第六章　何为真知　墨名道儒的论战

赵元任（Chao Y. R.），*Aspects of Chinese Socio-Linguistics*. Edited by A. S. Dil. Stanford，Calif.：Stanford University Press，1976. Especially section 3，"Philosophical Perspectives." 本书分析了现代汉语中的逻辑问题，不过对于文言中的类似问题亦有关涉。

成中英（Ch'eng Chung-ying），"Inquiries into Classical Chinese Logic." *Philosophy East and West* 15（July and October 1965）：195-216.

Chmielewski，Januz. "Notes on Early Chinese Logic." *Rocznik Orientalistyczny* 26-32（eight installments 1962-1969）.

艾博华（Eberhard，Wolfram），Review of *Science and Civilization in China*，Volume 1. Journal of Asian Studies 19（November 1959）.

葛瑞汉（Graham，A. C.），"The Logic of the Mohist Hsiao-ch'ü"（《墨子·小取》）*T'oung Pao* 51（1964）：1-54.

＿＿＿＿. "The Place of Reason in the Chinese Philosophical Tradition." In R. Dawson，*The Legacy of China*. Oxford：Clarendon Press，1964.

＿＿＿＿. *Later Mohist Logic，Ethics and Science*. Hong Kong：Chinese University Press，1978. 这位卓越学者关于墨家思维模式的总结。

陈汉生（Hanson，Chad），*Language and Logic in Ancient China*. Ann Arbor，Mich.：University of Michigan Press，1983.

＿＿＿＿. "Chinese Language，Chinese Philosophy，and 'Truth.'" *Journal of Asian Studies* 44（May 1985）：491-519. 作为一位语言哲学领域的专家，陈

汉生在这两部作品中对早期中国思想进行了相当特别的分析。

胡适（Hu Shih），*The Development of the Logical Method in Ancient China*. Reprint. New York：Paragon，1963.

梅贻宝（Mei Y. P.）"Some Observations on the Problem of Knowledge Among the Ancient Chinese Logicians." *Tsing Hua Journal of Chinese Studies* 1 (1956)：114-121.

施友忠（Shih，Vincent Y. C.），"Hsün Tzu's Positivism." *Tsing Hua Journal of Chinese Studies* 4（1964）.

第七章　帝国的缔造　法家的成与败

卜德（Bodde，Derk），*China's First Unifier：A Study of the Ch'in Dynasty as Seen in the Life of Li Ssu*，280? -208 B. C. Leiden：E. J. Brill，1938.

_____，trans. *Statesman，Patriot and General in Ancient China*. New Haven，Conn. ：American Oriental Society，1940.

顾立雅（Creel，H. G.），*The Origins of Statecraft in China*. Vol. 1，*The Western Chou Empire*. Chicago：University of Chicago Press，1970.

_____. *Shen Pu-hai*（《申不害》），*A Chinese Political Philosopher of the Fourth Century B. C*. Chicago：University of Chicago Press，1974. 这些博学的著作质疑了对法家的传统解释。

戴闻达（Duyvendak，J. J. L.），trans. *The Book of Lord Shang*（《商君书》）. London：Probsthain，1928.

许倬云（Hsü Cho-yin），*Ancient China in Transition*. Stanford，Calif. ：Stanford University Press，1965.

Kierman，Frank A. ，Jr. *Four Warring States Biographies*. Wiesbaden，Germany：Otto Harrassowitz，1962.

李幼宁（Li Yu-ning，ed. ），*The First Emperor of China：The Politics of Historiography*. White Plains，N. Y. ：International Arts and Sciences Press，1975. 对传统文献和最近成果的翻译，聚焦于中国共产党对中华帝国

建立的阐释。

_____. *Shang Yang's Reforms and State Control in China*. White Plains，N. Y.：M. E. Sharpe，1977. 与上一本类似，重点论述秦国的早期法家。

Rickett，W. Allyn. *Guanzi*（《管子》）：*Political，Economic and Philosophical Essays from Early China—A Study and Translation*. Vol. 1. Princeton，N. J.：Princeton UniversityPress，1985.

Walker，Richard L. *The Multi-State System of Ancient China*. Hamden，Conn.：Shoe String Press，1953.

华兹生（Watson，Burton），trans. *Records of the Grand Historian of China*. Translated from the Shih Chi of Ssu-ma Ch'ien. 2 vols. New York：Columbia University Press，1961.

_____，trans. *Han Fei Tzu：Basic Writings*. New York：Columbia University Press，1964.

年 表

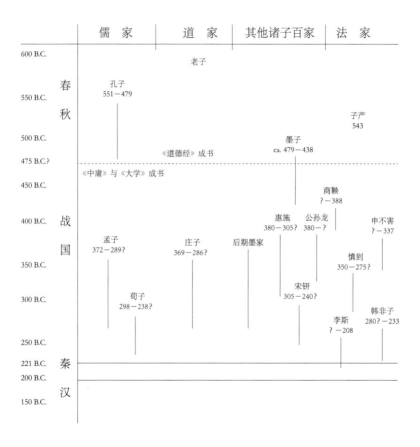

		儒 家	道 家	其他诸子百家	法 家
600 B.C.			老子		
550 B.C.	春秋	孔子 551—479			子产 543
500 B.C.			《道德经》成书	墨子 ca. 479—438	
475 B.C.?		《中庸》与《大学》成书			
450 B.C.					商鞅 ?—388
400 B.C.	战国	孟子 372—289?	庄子 369—286?	后期墨家	惠施 380—305? 公孙龙 380—? 申不害 ?—337
350 B.C.					慎到 350—275?
300 B.C.		荀子 298—238?			宋钘 305—240? 韩非子 280?—233
250 B.C.					李斯 ?—208
221 B.C. 200 B.C.	秦 汉				
150 B.C.					

索 引

（词条页码均指本书正文的旁码）

译后记

　　牟复礼教授既有长达千页的巨制，也有本书这样的小品。

　　大家的小书经常言简意赅，辞约旨远。这本书在美国广为流传，其简洁深致也广受赞誉。

　　是以，笔者在翻译时总觉如履薄冰。

　　翻译就像两个千手观音寒暄握手，词语之间的意思总不能如榫卯般丝丝入扣。而翻译西方人研究中国古典的作品又多了一层困难。就好像西方学者已经把牛加工成了罐头，而现在又要把罐头恢复成牛。

　　就如文中作者用Great Tradition指商周以来上层阶级的文化传统，以区别普通百姓的风俗传统。但"大道""道统""圣贤传统""文武之道"等等文献中现成的古语都不能完全对接，求教了数位方家，也不能铨定，只好因地制宜，不强求一致。

　　在翻译过程中还发现书名似乎更宜作"中国思想之奠基"。作者在序言中就说：The intellectual foundations, laid down then for the civilization which was to stand on them so firmly and so long, must be understood if we want to understand China. 很明显，foundations在此处指基础而不是渊源（origins）。他处也数见作者将诸子思想视为构成中国思想之基本成分（elements），这种构成性的指向是很明显的。但既已约定俗成，译者也觉不必较真儿。

笔者诚希望既不折损原作特有的风格，又奢望能译出中国古典的味道。但驽钝之质，只是自陷于捉襟见肘而已，然而所谓智藏于民间，如遇高行指正，化朽为芝，终能示国人以全璧。

翻译过程中，安乐哲、温海明惠正良多，同事吴敏复审了全书，前辈胡双宝作为终审一贯地精严博学，在此齐以致谢。

再版附记：

此书在2009年第一次出版后，虽然广受圈内学者、大学生和资深读者喜爱，译文的清晰流畅也深受肯定，但其影响总是与此书的蕙质以及牟复礼先生的地位不甚相当，作为译者兼此书编辑，我深觉十分必要择机再版，以馈先贤，以酬同好。此次再版，幸得陆扬教授的美文为序，因在普林斯顿求学，陆教授的亲闻亲见对我们了解牟先生，弥足珍贵。张祥龙教授一向是我最崇拜的学者之一，他对先秦思想见解卓异，能请到他做序，也必定会对本书的主题有别开生面之见解。陈来教授、杨立华教授也都诚荐本书，对此书的价值深具慧眼。

此次修订除了改正一些翻译的错误之外，还给原书的每章标题下面增加了副标题和章节提要，以期可以让读者更直接了解各章内容；为了增加书中内容的直观性和全书的视觉效果，我配了一些插图，但出于成本的考虑，没有彩色印刷；我还增加了很多边注，既有提要的作用，也有对书中个别有局限性的观点所做的辨正和补充。总而言之，作为译者兼编辑，我是想把这本书做到目前所能做到的最好。

译者邮箱：1294335443@qq.com

著作权合同登记号　图字：01-2014-8017

图书在版编目 (CIP) 数据

中国思想之渊源/（美）牟复礼（Mote, F.W.）著；—2版. 王重阳译. —北京：北京大学出版社，2016.6

（沙发图书馆）

ISBN 978-7-301-27080-6

Ⅰ. ①中… Ⅱ. ①牟… ②王… Ⅲ. ①思想史 – 研究 – 中国 – 古代 Ⅳ. ①B21

中国版本图书馆 CIP 数据核字（2016）第 075951 号

Frederick W. Mote
Intellectual Foundations of China, 2nd edition
ISBN: 0-07-554030-4

书　　　名	中国思想之渊源（第二版） ZHONGGUO SIXIANG ZHI YUANYUAN
著作责任者	[美] 牟复礼（Frederick W. Mote） 著　王重阳 译
责 任 编 辑	王立刚
标 准 书 号	ISBN 978-7-301-27080-6
出 版 发 行	北京大学出版社
地　　　址	北京市海淀区成府路 205 号　100871
网　　　址	http://www.pup.cn　新浪微博：@ 北京大学出版社
电 子 信 箱	sofabook@163.com
电　　　话	邮购部 62752015　发行部 62750672　编辑部 62755217
印 刷 者	北京中科印刷有限公司
经 销 者	新华书店
	650 毫米 ×980 毫米　A5　8.625 印张　100 千字
	2009 年 1 月第 1 版
	2016 年 6 月第 2 版　2020 年 9 月第 3 次印刷
定　　　价	45.00 元